»Die Sprache ist eine Waffe.
Haltet sie scharf.«

Kurt Tucholsky

Dr. Maria Zaffarana (Hg.)

Wie entsteht Wortkonfekt?

Gute Texte sind wie Pralinen ...

Der Erlös dieses Buches geht an

die ***Hilfsorganisation »Ärzte ohne Grenzen«***
www.aerzte-ohne-grenzen.de

Herausgeberin: Dr. Maria Zaffarana
2., erweiterte Auflage

ISBN 978-3-947343-05-8

Dieses Buch ist auch als E-Book erhältlich.

Printed in Europe

Inhalt

Körper und Stimme leiht die Schrift dem stummen Gedanken,
Durch der Jahrhunderte Strom trägt ihn das redende Blatt.
Da zerrinnt vor dem wundernden Blick der Nebel des Wahnes,
Und die Gebilde der Nacht weichen dem tagenden Licht.
Friedrich von Schiller

Die Angst vor den Worten - ein Aufruf zu mehr Mut beim Schreiben!

Dr. Maria Zaffarana

Ein guter Autor ist wie ein Gärtner, der eine öde Landschaft in eine kleine Naturoase verwandelt. Wie er mäht und düngt der Schriftsteller - sinnbildlich - den Rasen, stutzt Bäume und arrangiert Blumeninseln. Dadurch erschafft er ein hübsch akzentuiertes Szenario, das Zuwendung ein- und Zeit erfordert, damit es schließlich zu einer Augenweide heranwächst. Genügt dem engagierten Gärtner sein Anspruch an die kurzlebige Ästhetik nicht und er will Größeres, Auffallenderes erschaffen, wird er das unkonventionelle, couragierte Spiel mit der Fantasie bemühen. Dann kombiniert er vielleicht europäisches mit asiatischem Design, melangiert klassische und traditionelle Elemente, um seiner Grünanlage eine kapriziöse Individualität einzuhauchen.

Vom Mut zu Neuem lebt auch die Literatur: Berührende, ja herausstechende Prägnanz gilt es zu erschaffen. Vielen Texten fehlt es dazu jedoch an Eigenwilligkeit, an Seele! Sie kommen engmaschig wie ein schmuckloser Wollpullover daher: nach Mustervorlage gestrickt und damit ohne jeden Esprit. Buchstaben reihen sich vollkommen entwurzelt und lustlos aneinander. Sie ergeben zwar Sinn. Doch ihre Wörter und Sätze, die sie am Ende zusammenzimmern, wirken wie trockene Äste eines sterbenden Bäumchens im Wind.

Worte wollen allerdings glühen, brennen, berühren. Sie möchten zünden und gezündet werden zu einer hell leuchtenden Flamme, um das lodernde Feuer guter Literatur zu entfachen.

Das allerdings geschieht nur, wenn dichterisches Schreiben eben nicht nur den vielen handwerklichen Regeln folgt oder sich fast ausschließlich nach einem vermeintlichen Zeitgeist richtet. Kunst setzt voraus, das Vertrauen in die eigenen Ideen zurückzugewinnen, dabei die Angst vor dem Neuen zu verlieren mit dem Ziel, beflügelt und motiviert seinen eingeschlagenen literarischen Pfad zu finden und zu erweitern. Einst gegeißelte Kreativität bricht sich auf diese Weise wieder Bahn und entfesselt den Drang, aus den selbst angelegten narrativen Korsetts auszubrechen: mit ganz einfachen Mitteln wie sublimer Provokation zum Beispiel und eleganter Wort-Jonglage. Dem eigenen Einfallsreichtum sind dabei keine Grenzen gesetzt: Ein lakonischer Erzählduktus wird mit metaphorischer Bildersprache kombiniert, Groteskes bruchstückhaft in eine nüchtern gehaltene Handlung eingeflochten. Völlig unerwartete Sprünge, stilistische und inhaltliche Übersteigerungen und syntaktische Tabubrüche oder Verfremdungen können einem kalkulierten Plot ebenfalls die nötige Würze geben.

Was zunächst wie Störfaktoren anmutet, fügt sich im Ergebnis sanft in den Text ein und erhebt ihn dadurch über das Gewöhnliche. Er wird zu einem lebendigen, vielschichtigen Werk, in das sich der Leser hineinfallen lassen kann und an dem er sich gleichzeitig reiben mag.

Bei europäischen Gärten mit asiatischen Stilelementen dürfte das durchaus ähnlich sein.

Ein Leben ohne Bücher ist nicht lebenswert.
Erasmus von Rotterdam

Es gibt gar viele Arten von Reinigung und Bereicherung, die eigentlich alle zusammengreifen müssen, wenn die Sprache lebendig wachsen soll. Poesie und leidenschaftliche Rede sind die einzigen Quellen, aus denen dieses Leben hervordringt, und sollten sie in ihrer Heftigkeit auch etwas Bergschutt mitführen – er setzt sich zu Boden und die reine Welle fließt darüber her.

Johann Wolfgang von Goethe

Über die allmähliche Verfertigung der Gedanken beim Schreiben

M. W. Ludwig

Es gleicht schlechter Ironie, eine Arbeit über Wortkonfekt mit einer Tage währenden Schreibblockade zu beginnen. Wie soll ich über den herrlich süßen Ideenfindungsprozess während der Textproduktion schreiben, wenn mir eben dieser nicht gelingen will?

Ich werde meine Not zur Tugend machen und mich der Thematik von der Seite meiner Schreibblockade nähern.

Schreibblockade wird allgemein als der Zustand definiert, in dem ein Autor nicht weiß, was oder wie er schreiben soll, in dem die Gedanken trotz intensiven Nachdenkens nicht fließen wollen. Obgleich zahlreiche etablierte Schriftsteller die Existenz von Schreibblockaden leugnen, scheinen sie ein verbreitetes Problem unter Schreibenden zu sein.

Ein berühmtes Beispiel hierfür bietet eine Anekdote über die Arbeit des irischen Schriftstellers James Joyce:

»Angeblich wurde er eines Abends von einem Freund besucht, der den Schriftsteller verzweifelt auf seinem Schreibtisch liegend vorfand. Nach der besorgten Frage des Freundes, was denn passiert sei, antwortete Joyce, dass es natürlich die Arbeit sei. Wie immer.

›Wie viele Worte hast du denn heute geschafft?‹, fragte der Freund weiter.

Joyce, immer noch verzweifelt: ›7.‹

›Aber James, sieben … das ist doch gut. Bei dir wenigstens.‹

›Ja‹, sagte Joyce, und blickte schließlich auf. ›Wahrscheinlich schon. Aber ich weiß nicht, in welcher Reihenfolge‹ (King 2000: 168 f.).

Die Kreation eines literarischen Gaumenschmauses scheint also alles andere als einfach. Was ist also zu tun, wenn die Ideen zu einem Text nicht fließen wollen?

Da es hier um die Erschaffung von Wortkonfekt gehen soll, nähere ich mich zuerst einmal kulinarisch; zum Beispiel über Friedrich von Schillers berühmten fauligen Apfel, den er zur Inspiration in einer Schreibtischschublade verwahrt haben soll. Aber taugt vergammeltes Obst wirklich, um frische Ideen zu einer schmackhaften Speise zu verrühren?

Und außerdem macht ein satter Magen vor allem träge.

Heißt es nicht im Volksmund, Hunger sei der beste Koch?

Damit ist wohl die Sehnsucht gemeint, etwas aus seiner eigenen Unvollkommenheit zu erschaffen - Schreiben als Therapie. Das klingt gewagt, doch gibt es zahlreiche Beispiele dafür.

In unzähligen Liedern und Gedichten breiten die Autoren aus, dass die Erschaffung wahrer Poesie Schmerz benötigt. Purple Schulz nutzte diese Idee zu einer selbstironischen Abrechnung mit dem Textdichten:

»Wenn's ihm gut geht, fällt ihm gar nichts ein.
Wenn's ihm schlecht geht, geht's ihm besser.
Und dann taucht er in sich selbst hinein,
dieses stehende Gewässer« (Schulz).

Von Sting ist bekannt, dass er vor seinem Schöpfungsprozess Streit provoziert, und erst kürzlich hat Robbie Williams angegeben, er könne gerade nicht schreiben, da er glücklich sei. Selbst Kafkas »Urteil«, das mit dem tödlichen Sturz des Protagonisten in einen Fluss endet, wird als surrealistische Aufarbeitung der eigenen Versagensängste und damit der Aufarbeitung von Schmerz interpretiert.

Nun erscheint mir auch diese bewusste Forcierung einerseits ein pathetisches Klischee zu sein, andererseits schlichtweg zu gewagt, um damit den eigenen Schreibmotor in Gang zu bringen.

Vielleicht gibt es ein Rezept, dessen Zubereitung weniger existenziell ist?

Natürlich bliebe die Instant-Küche:

So ließ sich der britische Bestsellerautor Edgar Wallace zum Beginn der 20er Jahre des letzten Jahrhunderts einen Ideenapparat patentieren, den er »The Edgar Wallace Plot Wheel« nannte. Diese Vorrichtung bestand aus einem Kasten mit Fenster, in dem eine Spule lag, auf der er Handlungswendungen aufgeschrieben hatte. Die Spule konnte mit einem Rad gedreht werden. Wusste er an einem Punkt der Schreibproduktion nicht weiter, drehte er an dem Rad und las zur Inspiration den Satz, der in dem Fenster erschienen war. Inwiefern Wallaces Maschine jedoch Nutzen für die Textproduktion außerhalb massenproduzierter Kriminalnovellen gehabt hat, möchte ich an dieser Stelle nicht beurteilen. Eine alternative Theorie zur Ideenfindung erscheint weiterhin sinnvoller.

Heinrich von Kleist entwirft das Modell der allmählichen Verfertigung der Gedanken beim Reden. Er argumentiert, dass sich die Ideen durch den Prozess der Sprachproduktion selbst entwickeln.

»Ich glaube, dass mancher großer Redner in dem Augenblick, da er den Mund aufmachte, noch nicht wusste, was er sagen würde. Aber die Überzeugung, dass er die ihm nötige Gedankenfülle schon aus den Umständen und der daraus resultierenden Erregung seines Gemüts schöpfen würde, machte ihn dreist genug, den Anfang auf gutes Glück hin zu setzen« (Kleist 1978: 434).

Der Sprechakt selbst provoziert also Ideen, animiert zu einer inneren Reflexion über das zu Berichtende.

Kleist weiter:

»… weil ich doch irgendeine dunkle Vorstellung habe, die mit dem, was ich suche, von fern her in einiger Verbindung steht, so prägt, wenn ich nur dreist damit den Anfang mache, das Gemüt, während die Rede fortschreitet, in der Notwendigkeit, dem Anfang nun auch ein Ende zu finden, jene verworrene Vorstellung zur völligen Deutlichkeit aus, dergestalt, dass die Erkenntnis zu meinem Erstaunen mit der Periode fertig ist« (Kleist 1978: 434).

Nach dieser Theorie komme es also nur darauf an, den Anfang zu einer Rede zu wagen, sich in den Sprechakt zu begeben, da sich die Argumentation, die Gedanken, während des Redens selbst allmählich verfertigen.

Doch ist dieses Verfahren auf den Schreibprozess übertragbar?

In seiner Autobiografie »Über das Leben und das Schreiben«, versichert der Autor Stephen King dem Leser, er sei davon überzeugt, dass sich Geschichten in erster Linie selbst verfassen (King 2000: 182).

Befragt nach seinen Arbeitsmethoden und dem Quell seiner Ideen, antwortet der amerikanische Schriftsteller Norman Mailer analog zu Kleist: »Ich glaube, dass ein großer Teil der schriftstellerischen Arbeit im Unterbewusstsein abläuft. Das Unterbewusstsein bereitet ganze Kapitel für dich vor.«

Den Autoren zufolge animiert der Schreibakt selbst die Fantasie und schafft Ideen. Es erscheint sinnvoller, ohne weitere Vorüberlegung den Schreibprozess zu beginnen, als auf Wallaces vorproduzierte und zusammenhangslose Ideen zurückzugreifen.

Auch Ratgeber und Foren für kreatives Schreiben raten häufig dazu, ohne lange Vorbereitung mit der Textproduktion zu beginnen: als Training zu einer Fähigkeit der allmählichen Gedankenverfertigung während und durch die Textproduktion, die allerdings nicht zwangsläufig an die Thematik des zu entstehenden Textes gebunden ist. Vielmehr soll es Ziel des Autors sein, konzentriertes Schreiben zu lernen. Allerdings komme es hierbei nicht darauf an, einen wissenschaftlich oder literarisch hochwertigen Text zu produzieren, sondern vielmehr assoziativ zu schreiben, um die Fantasie zu stimulieren. Unbeeindruckt vom inneren Zensor, der alles, was geschrieben wird, kritisiert, bewertet und ablehnt, soll schlicht produziert und eine Schreibroutine entwickelt werden. Der Schreibakt selbst schließlich lockt Ideen hervor.

Jedoch verläuft dieser nicht zwangsläufig linear. Vielmehr produziert der Autor womöglich zusammenhanglose Ideen, während er sich anschickt, die Textfülle in seinem Gehirn zu visualisieren. Durch die allmähliche Verfertigung der Gedanken während des Schreibprozesses besteht außerdem die Möglichkeit, dass der entstehende Text einer zuvor gänzlich unerwarteten Argumentation zu einem selbst für den Verfasser überraschenden Ende führt.

»Oft habe ich eine gewisse Vorstellung, wie das Ganze ausgehen könnte, aber noch nie habe ich von meinen Figuren verlangt, dass sie meinen Erwartungen entsprechen«, sagt Stephen King über die Planung seiner Romane und ihre Realisierung (King 2000: 184). Es erfordert wohl einen geübten Schreiber, um Ideen ihrer Wichtigkeit nach zu ordnen und sich nicht in wirren Gedankensprüngen zu verlieren.

Eine bekannte Methode, die Gedanken während des Schreibens zu verfertigen und dabei ihre Zusammenhänge nachvollziehbar zu halten, ist das sogenannte Clustering nach Gabriele Rico. Clustern gehört zu den wirkungsvollsten Methoden beim kreativen Schreiben. Im übertragenen Sinne bedeutet Cluster Büschel, Traube, Gruppe oder Anhäufung.

In der Praxis funktioniert dieses System wie folgt: Man setzt ein zentrales Wort in die Mitte eines leeren Blattes und kreist es ein. Jetzt assoziiere man dazu spontan und schreibe die Wörter an einem Strang auf. Ist der ausgereizt, beginnt man einen neuen. Für verschiedene Gedanken benutze man neue Stränge, ebenso wie Verästelungen, wenn sich aus den neuen Gedanken verschiedene Assoziationen ergeben. Die Bearbeitungsdauer sollte eine halbe Stunde nicht überschreiten. Danach betrachte man das Ergebnis. Wo sich die Assoziationen häufen, sollte man bei der anschließenden Texterarbeitung ansetzen. Hierbei erleichtern die Stränge des Clusters die spätere Nachvollziehbarkeit der Gedanken während der eigentlichen Textproduktion.

Rico zufolge ermöglicht die visuelle Form des Clusterings dem Gehirn eine Korrespondenz zwischen der linken und der rechten Hemisphäre. »Eine wesentliche Voraussetzung für das natürliche Schreiben ist, dass beide Gehirnhälften beim Schreibvorgang mitwirken« (Rico 1984: 17). Während die linke Gehirnhälfte für das logische Denken zuständig ist und Informationen der Reihenfolge nacheinander verarbeitet, ist die rechte Hemisphäre imstande, Informationen gleichzeitig zu verarbeiten. Aus der rechten bezieht der Autor seine Wortbilder, den

Rhythmus von Sprache, die Metaphern und den emotionalen Zugang zu seinem gewählten Thema. Aber die rechte Hemisphäre alleine würde nicht ausreichen, um einen Text so werden zu lassen, wie wir ihn gerne hätten. Dazu benötigen wir auch den linken Teil unseres Gehirns, da wir hier Wörter nach grammatischen Regeln verknüpfen, denn die Struktur der linken Hemisphäre ist syntaktisch. Der Ideenfindungsprozess findet also im Unterbewusstsein des Schreibenden statt.

Natürlich ist diese Methode nur eine exemplarische Möglichkeit, den inneren Schreibfluss zu animieren. Auch lässt es sich an dieser Stelle einwenden, dass das Clustering der eigentlichen Textproduktion vorgelagert ist, die Gedanken also genau genommen nicht während, sondern vielmehr vor dem Verfassen des Haupttextes produziert werden. Nichtsdestoweniger werden in dieser Methode die Gedanken während des Schreibens (des Clusters) zielgerichtet und effektiv gefertigt - auf eine Art und Weise, die dem Haupttext eine Struktur garantiert. Außerdem verlangt diese Methode keineswegs, dass in den anschließenden Text keinerlei neue Gedanken einfließen dürfen.

Das Cluster inspiriert ähnlich wie Edgar Wallaces Maschine, allerdings nicht durch vorgefertigte Phrasen, sondern indem der Autor selbst kreativ wird und Gedanken und Assoziationen über die zu verfassende Thematik entwickelt.

Die vielfältigen Vorschläge zur Lösung der Schreibblockade laufen letztlich auf einen universellen Ratschlag hinaus: Schreibe!

Ich begebe mich also in den Selbstversuch und prüfe, ob sich durch mein (zugegeben, noch zielloses) Schreiben allmählich meine Gedanken verfertigen und ich vielleicht sogar am Ende zu einem Ergebnis komme. Hierbei greife ich nach den vielen Gedanken, die mir in den Sinn kommen, und ich versuche, sie zu fassen.

Mir fällt eine Schreibsituation ein, in der ich zwar in etwa weiß, was ich schreiben möchte, den Anfangs- und Ausgangspunkt auch ganz klar vor mir sehe, die weiteren Gedanken auch schon einmal (wenn auch vielleicht nicht bewusst) angedacht habe (was Kleist wohl als »Meditation« versteht) und versuche, diesem roten Faden zu folgen - wobei ich nie davor gefeit bin, dass diese Gedanken plötzlich eine vollkommen neue Richtung einschlagen, die ich zwar eigentlich nicht habe wählen wollen, die sich aber seltsamerweise in die Gedanken einfügt, die irgendwann einmal der Ausgangspunkt meiner Schreibreise gewesen sind.

Der deutsche Jugendbuchautor Michael Ende beschreibt einen ähnlichen Schreibfluss, indem er seinen Schreibprozess als tatsächliche Verfertigung der Gedanken beim Schreiben erklärt. In einem Bericht der Deutschen Welle heißt es:

»Das Schreiben an sich war für Michael Ende ein nie vorhersehbares Abenteuer. ›Es gibt einen Moment, wo die Figuren eine Art Eigenleben bekommen und man eigentlich nur noch hinter ihnen herschreibt‹, erzählte er damals den Fernsehzuschauern« (Ende: 2020).

Zuweilen versuche ich diese Situation sogar ganz bewusst zu provozieren: zum Beispiel, wenn ich an literarischen Texten schreibe und nur auf der Grundlage einer Situation, eines Satzes oder eines Augenblicks ganze Seiten fülle, in denen ich versuche, dass meine Finger mit meinen Gedanken Schritt halten, was schier unmöglich ist, da sie mir immer voraus zu sein scheinen.

Ich stelle fest, dass ich bereits mitten in dem Versuch einer Überlegung bin, die mich ähnlich der Stränge eines Clusters aus der Schreibblockade zu einem Schreibprozess geführt hat. Diese Situation mag der von Kleist beschriebenen ähnlich sein, die den Erkenntnissuchenden einem Freund das Problem erklären lässt. Mein Blatt ist also mein Freund, der mich geduldig meine abstrakten Gedanken ordnen und sortieren lässt und mich zu einer gewissen Logik zwingt, indem er mir auch am Ende meiner Gedankensprünge noch ihren Anfang und den kompletten Verlauf präsentiert.

Schreiben scheint meine Gedanken also wirklich zu verfertigen, zu ordnen und zu gliedern, wenn auch zuweilen anders, als ich am Anfang gedacht hätte …

Natürlich kann für den Bereich fiktionaler Texte an dieser Stelle angefügt werden, dass die zu verfassende Geschichte ohnehin allein den Gedanken ihres Verfassers entspringt, der Verlauf und Struktur jederzeit (seinen Fähigkeiten und Gedanken beim Schreiben sowie natürlich seinem Vorwissen entsprechend) variieren kann.

Dies führt zu einer These, die der allmählichen Verfertigung beim Schreiben vorausgeht: In Anlehnung an die vorangegangenen Formulierungen möchte ich sie »die allmähliche Verfertigung der Gedanken beim Lesen« nennen. Das soll bedeuten, dass vor Beginn der Schreibarbeit nötiges Hintergrundwissen erarbeitet, erlesen, werden muss. Um es mit Kings Worten zu schreiben:

»Wenn Sie Schriftsteller werden wollen, müssen Sie vor allem zweierlei tun: viel lesen und viel schreiben. Um diese zwei Dinge kommen Sie nicht herum, nicht dass ich wüsste« (King 2000: 161)

Wenn man also den nötigen Appetit hat und erfahren hat, wie gut Konfekt schmeckt, wird sich jene Leidenschaft entwickeln, am Herd mit all jenen Zutaten zu experimentieren. Sind auch die ersten literarischen Versuche noch überwürzt oder angebrannt, könnte irgendwann am Ende doch jenes feine Konfekt entstehen, das Schiller selbst aus einem fauligen Apfel hat zaubern können. Nur eines darf man niemals werden, und das ist satt.

Bibliografie:

Ende, Michael: Bericht über ihn bei der Deutschen Welle: https://www.dw.com/de/jim-knopf-rassismus-michael-ende/a-54479882?utm_source=pocket-newtab-global-de-DE

King, Stephen: Das Leben und das Schreiben, Berlin 2000.

Norman Mailer: Bericht über ihn in der Berliner Zeitung: http://theodoras-literatursalon.de/norman%20mailer.htm

Rico, Gabriele L.: Garantiert Schreiben lernen, Reinbek 1984.

Schulz, Purple: Dumm und reich. In: Sehnsucht. Die Balladen 1984–1999 (Musikalbum).

Kleist, Heinrich: Über die allmähliche Verfertigung der Gedanken beim Reden. In: Streller, Siegfried (Hrsg.): Heinrich von Kleist. Werke und Briefe in vier Bänden. Band 3, Berlin und Weimar 1978.

Bücher sind Schiffe, welche die weiten Meere der Zeit durcheilen.
Francis Bacon

Endlich ein technischer Durchbruch beim Lyrik-Recycling in Sicht

Prof. Dr. Peter Biro

Das in der deutschsprachigen Literatur maßlose Überhandnehmen von Gedichten, Sonetten und herzzerreißenden Balladen hat zu einem beträchtlichen Produktionsstau im Lyrik-Business geführt, der sich ausgesprochen hemmend aufs zeitgenössische Dichten auswirkt. Dabei tun sich unsere heimischen Poeten immer schwerer damit, ihre lyrischen Erzeugnisse in sinnvoller Weise zu verwerten und an den literarisch interessierten Mann - oder wahlweise an die zur tränenseligen Rührung neigende Frau zu bringen. Man kann ohne Umschweife behaupten, dass die deutsche Poesie insgesamt unter einem Dichtestress leidet, was sich nicht zuletzt negativ auf die Qualität der erdichteten Produkte auswirkt. Apropos »Dichtestress«: Dieser führt unvermeidlich und schnurgerade zum damit wesensverwandten »Dichterstress« (diesmal *mit* einem »r« in der Mitte wie in »Hühnerbrühe«).

Besagter Dichterstress wiederum steht zuvorderst im Zentrum der ganzen Misere. Es gibt inzwischen einzelne Fälle von frustrierten Poeten, die das Dichten vollends eingestellt haben und sich nur noch als Werbetexter oder - schlimmer noch - als Verfasser von anonymen Drohbriefen an Verlagsangestellte betätigen. Deshalb haben bereits vor Jahren weit vorausschauende Kulturbeauftragte einiger Länder überaus scharfsinnig erkannt, dass man in Sachen Dichtungsbeschränkung unverzüglich zu radikalen Maßnahmen greifen muss, allen voran mit besonderer Inbrunst die Beauftragte für Unverschuldete Defizite in Poetik und Gastronomie, Kassandra Kowalski. Sie appellierte an die Bundesregierung, umgehend den lyrischen Notstand und speziell ein Verbot für ungelenke Alliterationen auszurufen. Leider blieben die Kassandrarufe ungehört, das heißt, sie verhallten im rauschenden Blätterwald der amtlichen Verlautbarungen, ohne von den in Schlüsselpositionen sitzenden Entscheidungsträgern wirklich wahrgenommen zu werden.

Nachdem die ersten Anzeichen der Lyrikkrise trotz versuchter Verschleierungen durch interessierte Kreise unübersehbar wurden, ließen sich nach und nach immer mehr mahnende Stimmen vernehmen. Dabei verstiegen sich die auf mehr Authentizität bedachten und pessimistischeren Tragödien sogar zu wehleidig vorgetragenen Ausrufen wie »So kann es nicht weitergehen. Da müsste man was gegen unternehmen!« oder gar das unheimlich wirkmächtige »Um Gottes willen! und ähnlich Expressives mehr. Das jedoch wurde von indolenten Literaturkritikern zunächst nur als Panikmache abgetan. Als dann die Verlage auf Massen von unverkauften Lyrikbänden sitzengeblieben waren und kein Borstenvieh mehr Gereimtes oder Ungereimtes über Herzschmerz, Sonne, Mond und Sterne lesen wollte, brannte es im Dachstock des heimischen Literaturbetriebs bereits lichterloh. Erste Poeten erwogen in ihrer Verzweiflung eine Umschulung zu Rechtsreferendaren. Eine kleine Gruppe von Aphorismen-Verfassern aus Südhessen ging sogar noch weiter - und zwar bis Nordafrika - und begann, sich im Rahmen des sogenannten »Pragmatischen Kameltreiberiats« zu betätigen - leider mit bisher nur sehr mageren Resultaten.

Doch nun gibt es eine gewisse Hoffnung auf Besserung. Das weit über Württemberg hinaus bekannte Nanoliteratur-Labor an der Technischen Universität von Stuttgart-Vaihingen hat ein neues Verfahren zum Patent angemeldet, mit dem sich der gewaltige Gedichteüberhang schonend und nachhaltig abbauen lässt. In einer für Laien verständlichen Form ausgedrückt, ist darin von einer neuartigen Form von katalytischer Lyrik-Dekonstruktion mit linguistisch sinnstiftendem Recycling die Rede. Dabei werden die ins System eingefütterten Gedichte mittels komplexer chemischer Prozesse und unter Anwendung raffinierter Enzymkaskaden zunächst in einzelne Satzbausteine aufgebrochen, und zwar Zeile für Zeile. In einem weiteren Hydrolyseschritt erhält man im Kondensationsbecken für sich alleinstehende, verständliche Wörter. Diese wiederum werden anschließend nach Länge und emotionaler Bedeutung sortiert und in handliche, universell brauchbare Schnipsel umgeformt. Daraus entstehen zunächst sinnfreie, vokalisierbare Phoneme, teils auch vollständig ausgeschriebene Silben bis hin zu freistehenden einzelnen Buchstaben. Diese weisen trotz der vorherigen Misshandlung noch ein erhebliches lyrisches Restpotenzial aus ihrer ursprünglichen Verwendung auf. In einer sauerstofffreien Atmosphäre und unter Zugabe von durch Mitleid erzeugter Tränenflüssigkeit werden die dichterischen Rohmaterialien durch verschiedene linguistische, grammatikalische und sprachkünstlerische Filter mit hohem Druck hindurchgepresst und - der verständige Laie wird es schon erahnen - verdichtet. Anschließend werden die zunächst noch unverständlichen »Poesiepellets« genannten Lyrikfragmente nach Molekulargewicht sortiert und neu angeordnet, sodass sie wieder zu brauchbaren Texten zusammengesetzt werden können. Diese Verdichtung resultiert in völlig neuen dichterischen Ausdrucksformen, die selbst Poetikmuffel zu begeistern vermögen.

Zueinander passende Poesie-Bruchstücke können nämlich in mannigfaltigen Variationen zusammengefügt werden und verschiedenste Verwendungen finden. Daraus ergeben sich nicht nur neo-literarische Werke, sondern auch im Alltag einsetzbare Texte. Fragmente von erfolgreich recycelten Dichtungen wurden bereits in Dokumenten verwendet wie in gegenseitigen Beschuldigungen zwischen Ehepartnern in Scheidung, in Kommentaren aus dem Straf- oder Zivilrecht und neulich sogar in der Gebrauchsanweisung eines Toasters. Eine strikt zu beachtende Empfehlungen zum schonenden Umgang mit Federbetten beinhaltete gar fast 15 Prozent wiederverwendetes Lyrikmaterial. Da sind weder der Fantasie der Werbefachleute noch den Geschäftsinteressen der Marketingabteilungen Grenzen gesetzt.

Der technische Durchbruch der jungen Spezialisten aus den Wunderwerkstätten gelang mit der erstmaligen Aufarbeitung eines populären Goethe-Gedichts. Jenes selbst über den höchsten Wipfeln ruhende Werk, welches bisher enorm viel Platz im klassischen Lyrikbetrieb beanspruchte, stand bisher neuen, jungen Lyrikern im Wege, um sich vernehmbar Gehör verschaffen zu können. Beim Abwracken des erwähnten Gedichts fielen einige literarisch extrem wertvolle Versatzstücke an, die ausgesprochen bildlich und naturnah an majestätische Bergketten, mächtige Baumkronen und wehende Lüftchen verschmähendes Federvieh gemahnten. Aus diesem trotz aller dichterischen Qualitäten etwas angestaubten Rohmaterial über die Vergänglichkeit des Lebens wurden nach mehreren Durchgängen eine ganze Reihe interessanter Fragmente gewonnen, die ohne großen Aufwand in das Handbuch einer nagelneuen, benzinbetriebenen Kettensäge der Marke Lino-Plotz™ der Firma Krach-Bumm & Söhne GmbH eingepasst werden konnten. Lediglich wenige unverbaute Vokale der eher herkömmlichen Sorten »a« und »e« sowie einige überflüssige Satzzeichen konnten dort nicht mehr integriert werden; diese bleiben laut Angaben der Werbeabteilung aber weiterhin für andere Texte im Bereich der Werkzeuge zur Holzverarbeitung verfügbar.

Von diesem technisch-wissenschaftlichen Erfolg beflügelt, wollen sich die Vaihinger Forscher nun an ein noch größeres und schwierigeres Lyrikrecycling-Projekt heranwagen und sinnen bereits über die rekonstruktive Desintegration eines anderen bedeutenden klassischen Gedichts nach, welches sich mit der terrestrischen Synthese eines tonnenschweren Metallmonstrums befasst, das seinerseits zum feierlichen Lärmen bei kirchlichen Anlässen und zur Zeitverkündung verwendet worden ist. Für die besten Poesie-Fragmente aus der katalytischen Überdruckfiltration dieses schillernden Kunstwerks haben bereits einige Kosmetikunternehmen ihr geschäftliches Interesse bekundet. Man beabsichtigt damit, für ein neuentwickeltes Deo-Duo, namentlich je einen Tages- und einen Nacht-Schweißstopper, zu werben. Wir warten gespannt auf die Ergebnisse dieser erfreulichen literaturrezyklierenden Großtat.

Die Sprache ist die Kleidung der Gedanken.

Samuel Johnson

Die meisten Leser stecken ihre Bücher in ihre Bibliothek, die meisten Schriftsteller stecken ihre Bibliothek in ihre Bücher.

Nicolas Chamfort

Kann ein jeder literarisch schreiben?

Bernd Daschek

Für alles braucht man ja nun eine Grundlage, auch für die Beantwortung der Frage, ob jeder literarisch schreiben könne. Also zunächst ab an die Bar und einen Drink mixen: meinen Menschenbild-Drink: Dafür benötige ich als Erstes einen sehr kräftigen Schuss Jean-Jacques Rousseau, Jahrgang 1712, und seine Vorstellung, der Mensch werde als mental leere Hülle geboren. Alles, was ihn später ausmacht, erfährt er durch Prägung. Als zweiten Bestandteil des Cocktails wird Kants freier Wille hinzugefügt. Damit der Mensch diesen auch bewusst umsetzen kann, kippe ich zudem die Bewusstmachung des Unterbewussten von Sigmund Freud hinein. Jetzt mischen – geschüttelt, nicht gerührt selbstverständlich. Als Verzierung gibt es eine Scheibe Marx mit »Das Sein bestimmt das Bewusstsein«. Vorsicht: Nicht zu dicht an die Füllung, es beißt sich sonst mit dem Kant-Aroma! So, damit wäre meine Vorstellung vom Menschen, also vom »Jeder«, fertig und die Antwort parat: »Jeder Mensch kann mental alles, wenn er sich seiner selbst bewusst ist und es will. Folglich kann ein jeder literarisch schreiben.«

Leider kommt manch hübscher Theorie die dumme empirische Praxis des Alltags in die Quere. Da gibt es zum Beispiel die Familie Doof. Die hat wohl jeder, auf alle Fälle jeder Großstadtbewohner in der Nachbarschaft. Nicht dass wir uns falsch verstehen – Familie Doof besteht aus unauffälligen, meist sogar liebevollen Zeitgenossen, die halt alle Kraft aufwenden müssen, um gerade so das alltägliche Leben zu meistern. Gut, Papa Doof trifft Mama Doof, ein bisschen kuscheln und Tochter Doof sowie Sohn Doof, vielleicht sogar Divers Doof erblicken das Licht der Welt. Alles komplett – nun, böse, böse, man sieht ihnen den Familiennamen an. Er ist ihnen geradezu ins Gesicht geschrieben.

Und die üble Empirie schreit mir triumphierend entgegen: »Vererbung! Vererbung! Ätschebätsche!« Ja, wenn es da nicht noch den Doofhund gäbe. Es ist recht unwahrscheinlich, dass auch er ein Kuschelprodukt von Mama und Papa Doof ist, aber Doofhund schaut nicht nur ziemlich belämmert aus der Wäsche, er macht seinem Namen ebenfalls alle Ehre. Als Krönung gibt es noch die sehr verhaltensoriginelle Doofkatze. Kann aus diesem Umfeld ein begnadeter Literat kommen? ... Ich behalte diese Frage mal im Hinterkopf.

Jetzt ist allerorten von »Talent« die Rede. Ist das nicht vererbbar? Zweifellos, nur basiert dieses Talent auf körperlichen Attributen. Das Kind großer Eltern wird groß, hat so bessere Voraussetzung beim Hochsprung oder Basketball. Die musisch Talentierten haben ein angeborenes Feingefühl und/oder bessere Sinne. »Talent« ist angeboren, aber halt nichts Mentales. Das bringt mich also auch nicht weiter.

Ich mache das mal wie René Descartes und untersuche mich selbst. »Scribo ergo ...«, oder so. Die Liste damit, was ich viel schlechter kann als die meisten, wäre unendlich lang. Also was kann ich wenigstens einigermaßen gut? Skat, Schach, Billard! Ja, dort gelingt es mir sogar, Topleute zu schlagen, jedoch meist nur beim ersten Mal. Das liegt an meinem Wunsch, Nonkonformist zu sein, andere Formen auszuprobieren, die andere verwerfen würden – gerade die Profis. Die geben meinen Spielweisen dann auch Namen: Rambo-Skat, Guerilla-Schach oder Dirty-Billard. Ich überrasche sie mit Unerwartetem. Das will ich, ganz nach Kant. Aber mithalten werde ich da nie können, dafür bin ich schlicht zu faul. Ja, sicher, probiert habe ich das, vor allem beim Schach. Sämtliche Varianten, Kombinationen, Reaktionen und so weiter lernen, lernen, lernen. Dazu fehlt mir leider nicht nur der Impetus, sondern es traten auch skurrile mentale Folgen auf: Träume! Nun bin ich der Ansicht, dass Träume die Müllentsorgung des Gehirns sind. Das ändert aber nichts an ihrer Aussagekraft. Zurück zum Schach oder »Schwarz und Weiß wie Tage und Nächte«, wie es so schön im Filmtitel heißt. Wenn dann im Traum der Läufer den Springer martialisch zerfleischt oder es sämtliche Vorstellungen sprengt, was eine Horde Bauern mit einer Dame machen kann – dann läuft da irgendetwas falsch und zeigt, dass die intensive Auseinandersetzung nicht so richtig positive Auswirkungen auf einen selbst hat. Ein ähnliches Erlebnis hatte ich ebenso bei der Berufswahl: »Fachgehilfe für steuerberatende und buchprüfende Berufe«. Zahlen sind eigentlich meine Freunde. Sie helfen mir, die Realität zu begreifen. Wird es dann nach einem Arbeitstag mit unendlichen Buchungen und Zahlenkolonnen im Traum irreal, bildet das die andere Seite ab. Dann entfernt die 7 mit einem Schwert der 4 die Mitte, andere Ziffern wollen mit Primzahlen ihre unendliche Teilbarkeit beweisen ... Es wurde Zeit zu kündigen und für andere Beschäftigungen!

Der Umkehrschluss ist nun wirklich erstaunlich: Hier geht es um Tätigkeiten, bei denen ich nun wirklich gut bin oder besser gesagt war und ich mich, ohne anzugeben, nicht ganz zu Unrecht an der Weltspitze wähnte: Angeln und Motorsport. Hier verliefen alle Träume sanft und im Einklang. Das Wort »befriedigend« ist dort wirklich treffend. Die Verbindung zum realen Tun und zur irrationalen Verarbeitung befand sich im Einklang, zeigte: Das ist richtig für dich!

Ich muss zugeben, dass es nun doch metaphysisch wird, denn es geht um Leidenschaft. Die kann man weder durch Willen noch mit Fleiß erzwingen. Sie ist da und sie ist individuell! Woher kommt Leidenschaft für etwas? Ich gestehe, keinen blassen Schimmer zu haben! Sie ist nicht angeboren, wird nicht geprägt, denn Zwang zerstört sie. Leidenschaft in meinem Sinne ist nichts anderes als das, was die alten Griechen »Arete« genannt haben. Sie hat einen Hauch Göttliches und führt zur eigenen »Bestimmung«. Und nein, sie trifft einen nicht wie ein göttlicher Blitz, man muss sie suchen und im Spannungsfeld von Scheitern und Glückseligkeit finden. Nur: Für diese Suche braucht man Willen!

Kann nun ein Familienmitglied der Doofs diesen Willen aufbringen? Kommt es mit dem Scheiten zurecht und erkennt das Glück seiner Bestimmung, wenn ihm der Alltag bereits alles abverlangt? Ja! Divers Doof hätte sicher die besten Voraussetzungen, weil er/sie/es bereits aus dem Schema von sich aus heraustritt: Schema negieren, das Besondere im Selbst suchen – schwer, aber nicht unmöglich.

Daher zum Abschluss eine kleine Geschichte: Öfter konnte ich beobachten, wie Doofkatze mit der Pfote auf Nachbars Teich eindrosch, als wolle sie ihr Spiegelbild verprügeln. »O Gott, wie doof!« Doch neulich … Patsch, patsch und der große Koi lag in ihren Fängen. Wasser! Ihre Bestimmung, ihre Leidenschaft, jenseits aller wasserscheuen Katzen – und sie hatte Erfolg. Ich war nicht der einzige Beobachter dieser Szene. Tochter Doof sah sie ebenfalls, und das wohl nicht zum ersten Mal. Sie lachte kurz herzerfrischend auf, nahm Stift und Block und schrieb und schrieb und schrieb …

Die Zahl derer ist nicht gering, die sich durch den schmeichlerischen Reiz irgendeines Wortes verleiten lassen etwas zu schreiben, was gar nicht ihrem ursprünglichen Plane entspricht. Das trifft auf dich nicht zu. Alles ist knapp und sachgemäß. Du sagst gerade so viel als du willst und deutest noch mehr an als du sagst. Das deutet auf etwas noch Wertvolleres hin; man ersieht daraus: deine Seele hält sich frei von allem unnötigen Ballast, frei von jedem Dunst.

Lucius Annaeus Seneca

Wir brauchen Bücher, die auf uns wirken wie ein Unglück, das uns sehr schmerzt, wie der Tod eines, den wir lieber hatten als uns, wie wenn wir in die Wälder verstoßen würden, von allen Menschen weg, ein Buch muss die Axt sein für das gefrorene Meer in uns.

Franz Kafka

Über die dichterische Tat

Dr. Martin A. Völker

Mit dem Dichten kommt ein Hoffen in die Welt, das nicht von dieser Welt zu sein scheint. So könnte die poetisch und idealistisch gefasste Antwort auf die Frage lauten, welchen Beitrag Dichterinnen und Dichter zum gesellschaftlichen Geschehen leisten. Bäckern, Busfahrern oder Klimaexperten würde man diese Frage gar nicht erst stellen, den Dichtern schon, weil sie sich weder um unser tägliches Brot noch um unsere Fortbewegung oder um unsere Luft zum Atmen kümmern. Sie hantieren bloß mit Worten.

Bloß? Mit einer gewissen Chuzpe ließe sich einwenden, dass Dichter mit dem, was sie tun, ein Grundnahrungsmittel der Seele herstellen, köstliches Himmelsbrot, das, wird es unter den Menschen verteilt, die geistige Regsamkeit erhält und erzeugt, ohne die nichts in der Gesellschaft in Bewegung geraten kann. Zudem ist bekannt, dass das Dichten nicht mit dem Schreiben anfängt und mit dem stillen Lesen endet, sondern vom gesprochenen Wort lebt, vom Raunen, Lallen und Singen. Deshalb bewegen Dichter nicht allein unsere Gedanken, sondern sie lassen die Luft vibrieren, scheiden und reinigen die Luftmassen wie ein Gewitter.

Die Arbeit am geschriebenen und gesprochenen Wort befördert den Umgang zwischen Menschen. Geistesgüter und Prägeformen künftiger Güter kommen in Umlauf. Der amerikanische Wissenschaftsjournalist George Johnson beginnt sein Buch »In the Palaces of Memory« (1991) wie selbstverständlich mit dem Hinweis, dass alles, was wir lesen, und jede Unterhaltung unser Gehirn modifiziere: »Innerhalb weniger Sekunden werden neue

Schaltungen hergestellt, bilden sich Erinnerungen, die das Weltbild des Menschen auf Dauer verändern können.« Das Dichten ist also keine geringe Sache und der Verantwortung, die aus der formenden, umwandelnden und zermalmenden dichterischen Kraft hervorgeht, müssen sich Dichter stellen. Die dichterische Kraft verändert sowohl fremde Gehirne als auch das Gehirn der Dichtenden. Dichter sind zunächst als sich selbst denkende, mit sich selbst kommunizierende, sich selbst modifizierende Systeme zu betrachten, wobei das, was dabei entsteht, eine Spezialform dessen darstellt, was wir bei dem italienischen Jesuitenpriester und China-Missionar Matteo Ricci im 16. Jahrhundert entdecken können. George Johnson sagt, Ricci habe über eine außergewöhnliche Technik verfügt, um seine Gedächtnisleistung zu steigern. Er legte innere Gedankenpaläste an, komplexe imaginäre Architekturen und besondere Räume, in denen er Dinge und Personen, die präsent bleiben sollten, einquartierte und von dort wieder hervorholte. Es wäre also zu wenig zu behaupten, dass dichtende Menschen, wenn alles gut läuft, zu besseren Menschen werden. Dichtende Menschen werden innerlich fülliger. Ihre Kunst ist eine bauliche und deshalb erbauliche Tätigkeit, die entwirft, konstruiert, parzelliert, auftürmt, einrichtet, ansiedelt … Dichter sind innerlich urbanisierte Menschen, die ihre Mitmenschen und die Welt mit ihren künstlichen Reichen und ihrem innerlichen Leben befruchten. Dichter schaffen neue Wohn- und Lebensräume. Insofern wirken dichtende Menschen ins Große hinein.

Meistens sind es jedoch keineswegs die vermeintlichen Großtaten, die uns im Leben widerfahren oder die wir selbst hervorbringen, sondern im Alltag sind wir froh über die kleinen Dinge, die uns glücken, wenn sie uns glücken. Wie sieht es dementsprechend mit jenen kleinen, von außen unerkennbaren Veränderungen aus, die dichtende Menschen in sich selbst hervorbringen? Was bringt es uns, dichterisch tätig zu sein? Worin besteht die dichterische Tat?

Darauf antwortet eine Legende, die von einem unglücklichen Poeten erzählt. Nacht für Nacht hockte er unter einer Erle am Moor und beklagte seine Verlassenheit und Armut, wofür er immer dieselben Worte benutzte. »Ins Schattenreich haben sie mich verbannt«, begann er sein Unglücksmantra, »Schimpf- und Spottnamen gaben sie mir, einen Hohlsanggaukler, einen Liederschnalzer und Spiegelfechter nannten sie mich.« Da begab es sich, dass ihm eine Nachtigall vor die Füße fiel. Aus Unachtsamkeit war sie gegen einen Ast geprallt und abgestürzt. Der Poet sprang sofort auf und kümmerte sich um den versehrten Vogel. Nach wenigen Augenblicken fand die Nachtigall ihre Sprache wieder, sie bedankte sich für die schnelle Hilfe und belohnte den Poeten mit einem Ratschlag, der ihm als Regel für ein glückliches Leben dienen sollte: »Hab den Mut, das Lied deines Lebens einmal ganz anders zu singen.« Das verblüffte den Poeten und er dachte wohl eher daran, dass die gefiederte Freundin, als die sie sich ihm zu erkennen gab, ihm den Weg zu einem im Wald vergrabenen Schatz weisen würde. Aber je mehr er über den Rat der Nachtigall nachdachte, desto verständlicher wurde ihm, was sie damit meinte. Er fing an, sein nächtliches Unglücksmantra zu verändern. Aus dem Hohlsanggaukler wurde der Wohlklangschaukler, aus dem Liederschnalzer ging der Fliederwalzer hervor, den er, der frühere Spiegelfechter und jetzt Siegelwächter der Schönheit, den Menschen bringen wollte. In dieser Weise redete er sich Mut zu, betrat seine innere Schatzkammer und fand dabei jene funkenschlagende und mitreißende Freude wieder, für die man ihm schließlich die gewünschte Anerkennung zollte. Dichter besitzen ein Gespür und Bewusstsein dafür, wie sich die Zustände verändern können, wenn man seine eigene sprachliche Einstellung zu ihnen verändert; also verändern sie die Dinge, obgleich es zunächst so scheinen kann, als kümmerten sie sich einzig und allein um ihre eigenen Angelegenheiten.

Dichter sind den Alchemisten ähnlich, weil sie die Aggregatzustände ihres Rohstoffs genau kennen und die Sprache unendlich oft und verschieden transmutieren. Den Stein der Weisen und das ersehnte Gold finden sie in sich selbst und in anderen Menschen, die sie als Adepten anleiten. Dichter sind geübte Selbsterzieher und mitreißende Lehrer der Menschheit. »Zeig mir, wie du sprichst und schreibst, und ich zeige dir, wer du bist und wer du sein kannst.« Das sind sie, die dichterischen Menschen, wenn sie es denn sein wollen.

Die hehre Beschreibung wertet die dichterische Tätigkeit auf, was den Literaten als künstlerischen Menschen dazu einlädt, vielleicht sogar dazu verpflichtet, sich der andauernden Selbstbefragung auszusetzen: Wie kann ich der werden, der ich sein will? Was kann ich hervorbringen? Was will ich damit erreichen? Wen will ich ansprechen? Welche Mittel setze ich dafür ein? Welche Mittel stehen mir zur Verfügung? Ist der Produktionsprozess wiederholbar? Welches Niveau kann ich erreichen und wie kann ich es halten? Entscheidend ist nicht, welche Antworten Dichter auf diese Fragen finden. Wichtig ist, dass sie überhaupt nach Antworten suchen - sich selbst gegenüber, aber ebenso angesichts einer interessierten Öffentlichkeit, nach deren Anerkennung sie streben. Der Dichter Karl Krolow skizziert in seinem 1963 entstandenen Essay »Kann der Lyriker sein Gedicht kommentieren?« (aus dem Band »Ein Gedicht entsteht« von 1973), warum es problematisch ist, wenn Autorinnen und Autoren nicht darüber sprechen, was zur »Hervorbringung eines poetischen Textes« geführt hat. Durch diese »Auskunftsverweigerung« stehe der dichterische Vorgang und am Ende das Gedicht in der Gefahr, »als Geheimmittel empfunden zu werden, das sich Sensitive leisten, um gewissermaßen unter sich zu bleiben«. Deshalb sei jede Stellungnahme - egal wie übertrieben, untertrieben, »preziös statt präzis« sie ausfällt - ein Gewinn, in dem der Weg aus dem individuellen Dunkel ins Licht diskursiver Gemeinsamkeit aufscheint. 1971 beschreibt Krolow in seinem selbstdeutenden Aufsatz »Nichts weiter als Gedichte. Überlegungen zu einer Beschäftigung« den Austausch zwischen Schaffenden, Aufnehmenden und Nachfragenden als Wirkkraft chemischer Stoffe, die, »vom Blutkreislauf in Bewegung gebracht, jene Erregung schaffen, die die bekannten Träume auslöst, mit denen schließlich alle zu tun haben«. Das beantwortet gleichzeitig die von Friedrich Hölderlin in seiner Elegie »Brod und Wein« (1800) gestellte Frage: »Wozu Dichter in dürftiger Zeit?«

Dichter geben uns Anlass zur Freude wie zur Sorge. Sie erinnern uns an Gefühltes, vielleicht sogar daran, dass wir gefühlt haben und fühlen können. Sie geben uns überlebensnotwendige Illusionen und nehmen sie uns wieder, wenn sich die Illusionen als regressiv und menschenunwürdig entpuppen oder uns vom

Leben abhalten. Dichter arbeiten an der Sprache, die uns alle verbindet, weshalb ihre Arbeit alles verändern kann. Um es mit Hilde Domin und einer Stelle aus ihrem Band »Wozu Lyrik heute« (1968) zu sagen: »Ein Sprungbrett ist da, von dem gesprungen werden kann, wo sonst gestoßen würde. Atemraum für etwas wie Entscheidung.«

Entscheiden können wir uns, wenn das Monologische aufhört und wieder etwas möglich wird. Im Variantenreichtum der dichterischen Sprache lockert sich das vorher Festgefügte, verflüssigt sich alles Erstarrte. Neue Sprachspielräume führen zu neuen Handlungsoptionen. In der dichterischen Tat und Tathandlung leuchten Möglichkeiten auf, die wir weder gekannt noch geahnt haben. Jede Hoffnung lebt davon, dass etwas möglich wird, was vorher unmöglich gewesen ist. Mit dem Dichten kommt ein Hoffen in die Welt, das nicht von dieser Welt zu sein scheint.

Dichter bündeln die Nervenfäden des Universums und führen sie in einem Punkt zusammen. Dichten heißt, die Zusammenhänge zu erkennen und sie kompakt zu versinnlichen, damit die Leser den im Dichterwort gebannten Weltgeist erleben können. Dichten heißt also auch, den Klang der Welt unter und über den Wolken hörbar zu machen. Dichten heißt ebenso, sich verantwortlich zu fühlen und andere mit in die Verantwortung zu ziehen. Mit dem Dichten kommt ein Hoffen in die Welt, das nicht von dieser Welt zu sein scheint. Mit dem Dichten kommt ein Geben und Gestalten in die Welt, da Hoffnung allein nicht ausreicht.

Alle Sprache ist Bezeichnung der Gedanken, und umgekehrt die vorzüglichste Art der Gedankenbezeichnung ist die durch Sprache, dieses größte Mittel, sich selbst und andere zu verstehen.

Immanuel Kant

Schreibt ihr Plattheiten und Unsinn in die Welt, so viel es euch beliebt: Das schadet nicht: Denn es wird mit euch zu Grabe getragen; ja, schon vorher. Aber die Sprache lasst ungehudelt und unbesudelt: Denn die bleibt.

Arthur Schopenhauer

Wenn Worte durch die Sinne perlen

Stine Schultz

Vor langer, langer Zeit ...«, »Es war einmal ...« oder »Es trug sich zu, dass ...« - wohlige Versprechen. Wer kennt sie nicht, diese Magie der beinahe unendlichen Geschichten? Wer vermag sich dieser vertraut-gemütlichen Satzanfänge zu entziehen, die unseren Tageslauf für einen wichtigen Moment bremsen können und uns ein verzücktes Lächeln ins Gesicht zaubern - nicht nur im Advent.

Als die gezeichnete Geschichte, der geformte Gegenstand zu eng wurden, kullerten Zeichen und Buchstaben in unser Homo-Sapiens-Dasein. Sie ließen sich ordnen und formieren. Sie klammern sich seither an unser Leben - bereit, jeder Schwingung zu folgen und jede menschliche Hürde mit uns gemeinsam zu nehmen. So alt das Wort auch sein mag, so leichtfüßig und beschwingt umweht es noch immer unser Hier und Jetzt. Und es erfährt eine erlesene Extravaganz als literarisches Bonbon.

Wie das Konfekt ist die Literatur etwas aus Worten sinnvoll und zielgerichtet Zubereitetes. Im Mittelalter galt es als heilende Medizin. Heute verspricht es Balsam und Genuss für die Sinne - ein literarisches Naschwerk in verschiedenen Geschmacksrichtungen, dass sich für jeden etwas finden lässt. Jedoch irrt, wer meint, Virtuosität in Worten fiele einfach so vom Himmel. Hier dient Talent als unabdingbare Basis, ohne das ein Handwerk nur staubig langweiliges Herumwerkeln wäre. Talent gewinnt Farbe und Kraft durch Unterweisung und Ausbildung und wird so zum Handwerk. Dessen bedarf es auch auf dem Weg zum Wortkonfekt. Denn unsere Sinne sind durchaus anspruchsvoll in ihrer Befriedigung.

Wohlgesetzte Worte können und wollen umgarnen, möchten mit unseren Empfindungen spielen, uns führen und verführen. Hier ein paar Beispiele zum Nachempfinden:

wie ein Schmetterling über die duftige Sommerwiese … beschwingt und leichtfüßig

eine grünlich braune Grütze zog eine schleimige Spur … abstoßend bis eklig

leise und unermüdlich klötern die Kiesel unter dem Spiel der Wellen am Spülsaum … umhüllt sanft und beruhigend

schiffbrüchig am fremden Ufer mit seinen schrillen Klängen und lockenden Düften … verspricht Neugier und Abenteuer

ein Schrei klirrte durch die nebelkalte Nacht … lässt Angst und Furcht erahnen

am knisternden Feuer duftete es nach Bratäpfeln und Zimt … verspricht Wärme und Geborgenheit

Doch wehe, wenn der Autor uns in literarischer Niedertracht täuscht: *zitronenblau*. Was bitte soll das denn sein? Dann hat er etwas vor und der Leser ist hellwach. Der Widerspruch befeuert die Neugier und nimmt uns mit. Eine gemeine Brillanz, so mit unseren Gefühlen zu spielen! So fesselt auch Viola Alvarez mit verknüpften Gegensätzen in »Ein Tag, ein Jahr, ein Leben« in der Beschreibung »Er strahlte golden und bissig eine sorglose Gefahr aus. Ein Löwe, der sich sonnt.« Denn genau das macht Wortkonfekt aus: Es muss uns in seinen Bann ziehen, packen, mitreißen und die Hoffnung nähren, die Geschichte möge nie zu Ende gehen.

Literarische Worte erspüren Situationen und beschwören Empfindungen. Was für den einen »an einem hellen Nachmittag« passiert, ereignet sich für Markus Zusak in »Die Bücherdiebin« »an einem weichen gelbgekleideten Nachmittag«: ein sprachvollendetes Bild, das keiner weiteren Erläuterung bedarf.

Es gibt natürlich auch immer mal literarische Ausreißer. Wie kann es sein, dass wir trotz schwachem Sujet einem 281-Seiten-Text süchtig folgen, Blatt um Blatt in uns hineinfressen? Das ist Unsinn? Nein, das ist mir kürzlich bei Klaus Modick und seinem Roman »Bestseller« passiert. Von der ersten Seite an hatte sich seine Sprache an mir festgekrallt, riss mich hemmungslos mit und winkte den Inhalt des Romans beinahe selbstvergessen durch die Seiten. Selbst seitenlange Beschreibungen und mehrzeilige Satzgebilde fraß ich klaglos zugunsten origineller Wortspielereien. Genau das verstehe ich unter der Kunst des schreibenden Handwerks. Selbstverständlich gehört Klaus Modick zu meinen Lieblingsautoren, und er sieht mir diesen zarten Verriss des Romans hoffentlich nach.

Gern stelle ich mir Literatur als einen Vergnügungspark für Wortspieler vor. Jedes Genre lockt mit seinem eigenen Fahrgeschäft die einen oder die anderen an. Dabei hat jede Generation, selbst jeder einzelne Mensch ganz spezifische Vorlieben und Erwartungen. Deshalb ist die Vielfalt des Wortkonfekts auch so immens. Immer neue Kreationen erstrahlen am Sprachhimmel, suchen und finden ihren Genießer. Wie das Angebot der Pralinen wandelt und entfaltet sich das Spektrum des Wortkonfekts und erfährt eine stete Entwicklung. Stillstand wäre Langeweile. Wandlung verspricht Spannung. Eines jedoch wird immer erwartet: das Besondere.

Und natürlich werden jede Menge Klischees bedient. Das sicherste aller Vorurteile für das Weibliche schlechthin ist der »Einkaufsbummel« (neudeutsch: shoppen), bei dem sich Schuhe und Taschen mit einem hohen Suchtfaktor versammeln. Und welcher Mann widersteht den Lockrufen »Auto/Motor/Technik«, »Baumarkt« oder »Sport«? Und für die Kinder bleiben »Eis/Schokolade« und »Spielsachen/Trickfilm« der unschlagbare Garant für Glückseligkeit und Freude. Auch wenn die Erscheinungsformen der Verlockungen dem Wandel der Zeiten unterworfen sind, bleiben die Grundausrichtungen zuverlässig erhalten. Dazu ein Beispiel, das ich selbst erfahren habe: Mit meinem nachmittäglichen Ruf in den Garten, »Kinder, es gibt Pflaumenkuchen!«, erzielte ich keinerlei Aufmerksamkeit bei den Acht- und Neunjährigen. Wie anders gestaltete sich das Bild nach dem Ruf »Kinder, Pflaumenpizza!«

Wortkonfekt malt Bilder und erschafft für jeden Leser kraftvoll bunte Visionen und einzigartige Gedankenwelten. Damit erscheint mir des Autors Absicht auf farbige Weise erfüllt. Ähnlich wie beim Ich-packe-in-meinen-Koffer-Spiel habe ich mit Freunden ausprobiert, wie eine belanglose Aussage durch die Wahl der Worte auf eine Fantasiereise mitnehmen kann. Während einer tristen Autofahrt stellte ich den schlichten Satz »Ein Mann ging über die Straße« in den Wagen und bat sie so lange mit Adjektiven, Verben und Substantiven zu experimentieren, bis ein unverwechselbares Bild emporsteigt. Der Reihe nach fügte jeder etwas an, tauschte aus oder ergänzte, bis sich dieses Ergebnis hören ließ: »Sein ängstlicher Blick hetzte in alle Richtungen, als er leicht geduckt über die Nachmittagspfützen sprang, um mit wehendem Mantel sogleich im Menschengewimmel der anderen Straßenseite wieder zu verschwinden.« Eine mehrstimmige Schöpfung aus der Welt der Fantasie!

Die Worte müssen die Sinne anstupsen, die Fantasie zwicken, sie sollen uns federleicht spazieren führen und gern überraschende Wendungen offenbaren. Wenn Worte dauerhaft in meiner Gunst stehen möchten, sollten sie mir niemals vordergründig zwanghaft, aggressiv oder klebrig begegnen. Doch genau an dieser Stelle greift die Toleranz auch in das literarische Spiel ein. Denn der Lesergeschmack und seine Erwartungen können sehr unterschiedlich aussehen. Das ist der gute Stoff, aus dem die Literaturkritik entsteht. So habe ich ein Buch nach fast 40 Seiten kopfschüttelnd zugeklappt, weil mir die Autorin einmal, zweimal, dreimal erklärt hat, wie ich ihre Aussage zu verstehen habe. Das Buch war ein Bestseller (zumindest klebte dieser Hinweis auf dem Deckel) und ließ mich schwer enttäuscht zurück. Meinen Weg kreuzten auch Romane, die ich beiseitelegte, weil ich den Inhalt als widerwärtig und befremdlich empfand. Zwei dieser Bücher waren hochgelobt und wurden verfilmt. Somit kann ich meine literarischen Erwartungen und Sichten nicht eins zu eins auf meine Mitmenschen übertragen. Und genau daraus erwächst ein enormes Potenzial literarischer Dynamik und bunten Gesprächsstoffs. Obwohl hier negativ bei mir angelegt, bleiben diese Beispiele in meiner Erinnerung haften: also ein Wortkonfekt, das mir nicht schmeckte – anderen schon.

Anders haften mir die »guten Jungs« wie Goethe und Schiller, Ringelnatz und Roth in allerbester Erinnerung bereits seit der Schulzeit an. Ich kann nicht erklären, warum mir nach über 40 Jahren noch immer der Osterspaziergang lückenlos über die Lippen sprudelt oder »Der Mensch, der sich ein Schnitzel briet« stets verfügbar ist. Es sind die Bilder, die leichtfüßig aus vergangenen Tagen hereinspazieren und versprechen, dass sie bleiben werden. Und genau das tun sie auch. Diese Wortbilder schwindeln nicht. Jedoch muss der Leser offen sein für die Bilder eines Goethe oder Schiller. Die Wellenlänge muss einfach stimmen, sonst verhallen ihre Worte.

Auch wenn wir hier von den sogenannten »Klassikern« der deutschen Literatur sprechen, beginnt sich ein leiser Schatten über sie zu legen. Das liegt an der altertümlich erscheinenden Wortwahl dieser Werke, die sich heute beinahe nur noch im Deutschleistungskurs tummeln und oft allenfalls ein Schmunzeln hervorrufen. Der jungen Generation erscheinen die Texte zu anstrengend, die Inhalte zu fern und belanglos. Wie schade!

Worte und ihre Geschichten funktionieren nach dem Prinzip von Sender und Empfänger. Um seinen Empfänger zu erreichen, brauchen die Worte eine Seele aus Liebe zur Sprache, Emotion und Empathie, aus Humor und Vergnügen am Spiel mit den Worten sowie ein treffsicheres Gespür für Menschen und ihre Bedürfnisse.

So lockt das Wortkonfekt als Versprechen auf Verführung, Genuss, Überraschung und Erkenntnis. Manchmal sind wir traurig, aus literarischen Tiefen wieder auftauchen zu müssen. Manchmal sind wir einfach nur dankbar für eine wortgefasste Erfahrung. Eines machen die Worte immer: Sie nehmen uns mit – egal wohin. Ob ein Wort tatsächlich das Zeug zum Konfekt hat, entscheiden wir Leser. Und jeder guter Autor weiß, wie wichtig es ist, dass uns die Worte über die Zunge perlen, ohne abzureißen oder ins Stocken zu geraten. Dann kann der Leser dem zappelnden Geschmack der Einzigartigkeit nachzuspüren. Dann wirft sich die Fantasie in Schale, die Sinne feiern. Und in genau diesem Augenblick erfüllt das Konfekt sein Versprechen.

Die guten Schriftsteller haben zweierlei gemeinsam: Sie ziehen vor, lieber verstanden als angestaunt zu werden; und sie schreiben nicht für die spitzen und überscharfen Leser.

Friedrich Nietzsche

Eigenverantwortung Lesegenuss

Dr. Astrid Holzmann-Koppeter

Leser wünschen sich Originalität. Doch ist dieser Anspruch überhaupt gerechtfertigt? Bedeutet diese Forderung nicht viel mehr, dass die Adressaten zu faul sind, um sich ihrer eigenen Kreativität zu bedienen? Muss ein guter Text wirklich dem Anspruch anderer genügen? Warum reicht es nicht einfach aus, dass ein Text als solcher existiert?

Das geschriebene Wort ergibt aneinandergereiht zunächst immer nur einen hohlen Textkörper, der zwar nach außen hin unbestreitbar existiert, aber dessen Lebensfähigkeit aus dem Innersten heraus erst unter Beweis gestellt werden muss. Die Frage, ob und wann ein Text lebt, kann so nicht einfach beantwortet werden. Sie ist trotz einiger deutlicher Anhaltspunkte wohl in erster Linie Auslegungssache.

Von meinem persönlichen Standpunkt heraus betrachtet, würde ich behaupten, dass ein Text dann unbestreitbar lebendig ist, wenn er mit vielen sorgfältig ausgewählten Adjektiven das Geschriebene so ausschmückt, dass ohne großes Zutun meinerseits viele bunte und anregende Bilder in meinen Gedanken entstehen; im Idealfall ist es sogar ein berauschender Film. Wenn das Gelesene lange in meinem Gedächtnis verweilt und ich mich gerne daran zurückerinnere, vielleicht ab und zu sogar wieder in dieses Erlebnis eintauche, dann ist der Text definitiv mehr als nur ein hohler Textkörper gewesen, er ist dann ein gelungenes Werk.

Die Qualität eines Textes ist auch aus objektiver Sicht von der Wortwahl und der damit einhergehenden Integrität der zusammengefügten Textbausteine abhängig. Sie verhalten sich harmonisch zueinander, wenn die einzelnen Glieder aus dem Textkörper perfekt zusammenpassen und sich im Idealfall ergänzen. Erfahrungsgemäß ist es aber durchaus erlaubt und oft sogar erwünscht, wenn sie sich an passender Stelle widersprechen, solange keines der Glieder auf störende Weise aus der Reihe tanzt. Es ist wie in der Musik: Mehrere aufeinander folgende Töne ergeben erst dann eine harmonische Melodie, wenn ihre Reihenfolge aufeinander abgestimmt ist. Ob die Melodie gefällt, ist letztlich vom Klang abhängig und der ist rein subjektiv immer Geschmackssache, was eine Bewertung des Inhalts sehr schwierig oder zumindest immer diskussionswürdig macht. Am Ende ist eine der bedeutendsten Fragen sicher, welche Gefühle ein Text beim Lesen auslöst und was er bei der Leserschaft kurz- sowie langfristig bewirkt.

Sicher ist, dass das Einhalten von formalen Schemata wie einer stringenten Abhandlung und der richtigen Verwendung von Rechtschreibung und Grammatik zu den Grundlagen guter Textqualität zählen. Stilsicherheit ist darüber hinaus ein weiteres Qualitätsmerkmal, auch aufgrund des Wiedererkennungswerts. Trifft ein qualitativ hochwertiger Text den Nerv der Zeit, ist damit zu rechnen, dass daraus ein kommerzieller Erfolg wird. Ein Buch weiterzuempfehlen oder auch immer wieder Bücher von denselben Autorinnen und Autoren zu lesen, ist ein klares Zeichen dafür, dass es sich nach unserem persönlichen Geschmack um stilistisch und inhaltlich hervorragende Werke handelt.

Für mich persönlich ist ein qualitativ hochwertiger Text immer auch ein Text, der mich emotional berührt. Dabei ist es zweitrangig, welche Art von Emotion beim Lesen ausgelöst wird; sie muss nur echt sein. Ein fesselnder Text ist meinem Verständnis nach einer, der mich neugierig macht, der mich dazu anregt, eigene Fantasien zu spinnen, mir Gedanken um das Rundherum zu machen, mich in die Figuren und Handlungen hineinzuversetzen, als wäre ich selbst mittendrin, vielleicht manchmal auch so sein zu wollen wie eine der Figuren aus dem Plot. Ich möchte überrascht werden und mich in einer einzigartigen Situation, die nicht unbedingt vorhersehbar gewesen ist, wiederfinden: eine, an die ich mich gerne zurückerinnere, die mich verändert. Doch mir ist bewusst, dass dieser Anspruch sehr hoch gegriffen ist. Denn ob etwas überraschend oder neu, ansprechend oder banal ist, hängt immer vom eigenen Standpunkt ab. Anknüpfungspunkte an das eigene Leben sind immer individuell. Daher sollte man mit solchen Forderungen und Beurteilungen stets vorsichtig sein.

Lesegenuss kann sicher nur dort entstehen, wo eigene Gedanken ihren Platz finden, wo Geschichten ohne Vorbehalte und Tabus weitergedacht und -geträumt werden dürfen, wo an die eigenen Erfahrungen und an die eigene Lebenswelt angeknüpft werden darf, aber nicht muss. Freiheit, würde ich sagen, macht einen guten Text aus. Die Freiheit der Autorenschaft und die Freiheit der Lesenden, männlich wie weiblich, jung wie alt, trotz einer vorgegebenen Struktur und eines festgelegten Handlungsstrangs immer noch eine eigene Welt nach dem eigenen Geschmack kreieren zu dürfen, abzuweichen von der Norm, aus der Reihe zu tanzen, zu tun, was man will, solange niemand im realen Leben zu Schaden kommt.

Für einen Text mit Wiedererkennungswert ist es essenziell, auf irgendeine Art und Weise andersartig zu sein. Dabei muss allerdings berücksichtigt werden, dass ohnehin nur das normal ist, was wir gewohnt sind. Ein Text kann nur dann fesseln, aufregen, uns überwältigen, wenn er uns entweder mit einem polarisierenden Thema triggert, wir zu Altbekanntem neue Impulse erhalten oder wenn er uns in neue und unbekannte Dimensionen eintauchen lässt. All das ist wünschenswert, aber all das ist ebenso absurd. Wieso muss ein Text das Individuum abholen? Wieso gilt ein Text erst dann als gelungen, wenn er die Massen überzeugt? Wieso holt das Individuum nicht den Text ab und fügt ihn so in seine Gedankenwelt ein, dass er zu dem Vorhandenen passt, es ergänzt, erweitert, bereichert?

Unser aller Leben wäre einfacher, würden wir weniger einfordern und uns selbst mehr einbringen, frei nach dem Motto: Tu es selbst! Die Erwartung, von einem Text überwältigt zu werden, ist aus meiner Sicht ebenso unverschämt wie faul. Unauslöschliche Prägnanz und Kreativität sind nämlich nicht zwingender Teil eines Textes, sie sind das Resultat dessen, wie wir den Inhalt eines Werkes in unsere Vorstellungen einbauen. Hierfür tragen wir selbst die Verantwortung. Sicher mögen der Geschmack der Masse und der damit einhergehende Vergleich im Sinne von kommerziellem Erfolg mir hier widersprechen, aber aus etwas

Banalem etwas Erlesenes zu machen, liegt dennoch in der Verantwortung jedes und jeder Einzelnen. Absurd hohe Ansprüche zu stellen und dann enttäuscht zu sein, wenn diese Ansprüche von außen nicht erfüllt werden, hat Züge des Dümmlichen und Unreflektierten. Qualität bedingt, dass sich alle Beteiligten bestmöglich einbringen.

Ein vermeintlich holprig zu lesender Text erzeugt in den meisten Menschen einen gewissen Widerstand, bis zum Ende weiterzulesen. Es wird dann von »Durchhalten« gesprochen und diejenigen, die es schaffen, sind dann furchtbar stolz auf sich, weil sie etwas zutiefst Langweiliges und Anstrengendes hinter sich gebracht haben. Tatsächlich muss die Erkenntnis, dass ein Text holprig zu lesen ist, nicht zwingend auf mangelnden Sprachgebrauch oder mindere Sprachästhetik des Autors zurückzuführen sein. Im Gegenteil: Viel wahrscheinlich ist es, dass der Leser nicht die nötige Fähigkeit besitzt, sich im tiefsten Inneren damit auseinanderzusetzen, dass die eigenen Fähigkeiten, ein Werk, das Textbausteine in ungewöhnlicher Form aneinanderreiht, entsprechend wiederzugeben und interpretieren zu können. Diese Gabe ist nämlich nur den wenigsten Menschen gegeben. In diesem Sinne ist es also generell klug, dem Leser das vermeintliche Problem nicht abzunehmen, sondern ihn damit zu konfrontieren, gewisse Dinge entweder auszuhalten oder selbst eine Verbesserung anzustreben. Keineswegs darf ein Werk als solches ausgemustert werden, nur weil es nicht dem Geschmack der Masse entspricht. Denn jeder Text ist in vielfacher Hinsicht eine Anregung und diese Anregung ist mehr als nur der biologische Impuls, einfach vorhanden zu sein. Möglicherweise stimmt es sogar und es ist nicht jeder Text lesenswert, denn Ausnahmen, so heißt es, bestätigen die Regel. Dennoch ist eines sicher: Jeder Text beschäftigt. Und was beschäftigt, regt zum Nachdenken an. Und was wiederum zum Nachdenken anregt, das ist auf irgendeine Art und Weise zumindest in seiner Existenz berechtigt; die Bewertung steht sowieso jedem frei.

Letztlich ist der perfekte Text, wie übrigens alles andere im Leben auch, eine Frage von Verständnis, Toleranz, Interpretation und Respekt. Niemand muss allem gegenüber offen sein. Aber im Sinne einer gewissen Toleranz gilt es als durchaus erstrebenswert und angemessen, verschiedene Perspektiven einzunehmen und, soweit es möglich ist, selbst Verantwortung zu übernehmen und aktiv zu werden. Wünschenswert ist die Entstehung eines Dialogs, der dem Text die Möglichkeit bietet, sich in aller Ruhe entfalten zu können, um verstanden und interpretiert werden zu können. Er eröffnet der heterogenen Leserschaft zugleich die Chance, ungestört zuzuhören, sich abholen und mitreißen zu lassen, neue noch unergründete Pfade zu betreten, geheime Wege zu ergründen und immer dann abzutauchen, wenn es individuell erwünscht ist.

Was drinnen tief im Herzen jugendlichen Herzen
Von Gottes Hand geschrieben steht,
All meine Freuden, alle Schmerzen,
Die ganze Liebe und mein gut Gebet,
Hab ich in meine Bücher hingesungen,
Und ist der Sang, der so dem Mund entweicht,
Lebendig in ein ander Herz gedrungen,
So habe ich mein Ziel erreicht.

Paul Keller

Wenn ein Schriftsteller sich jederzeit der Macht bewusst wäre, die in seine Hand gegeben ist, würde ein ungeheures Verantwortlichkeitsgefühl ihn eher lähmen als beflügeln. Auch das Bescheidenste, was er veröffentlicht, ist Same, den er streut und der in anderen Seelen aufgeht, je nach seiner Art.
Christian Morgenstern

Vom Schälen der Drachenfrucht

Wolfgang Uster

Welch ein Genuss! Aus den Ohrspeicheldrüsen pulsieren zuckerzerlegende Verdauungssäfte durch die Falten der inneren Wangen, mischen sich mit den Sekreten einer ungestümen Unterzungendrüse, um den Weg zu bereiten für die körperliche Aufnahme der äußerst zartschmelzenden »Chocolat de luxe« auf den Geschmackspapillen einer zu allem bereiten Zunge, dem variantenreichen Muskel in der Mundhöhle des Menschen und häufig unterschätzten Sinnesorgan mit der biologisch vermittelten Mission, die orale Pforte aufzuschließen zur Einverleibung eines Meisterwerks der Konditorkunst in den Hingebungsleib menschlicher Empfindungslüste - ein nicht bewusst gesteuerter Pfad, auf dem der Genussmensch den Hauch einer höheren Existenzstufe jenseits seines profanen Hungertriebs zu verspüren vermag.

Welch ein Genuss!

Durch einen heißen inneren Schwall brennt sich zuerst der Blick und dann eine das Gehirn flutende phonetische Repräsentanz auf ein Wort, eine Sequenz, einen Satz fest, löst sich in wohliger Entspannung, wenn sich die Wärme der sprachlich vermittelten Schöpfung bis in die feinsten Kapillaren ausbreitet, wie eine Supernova das Universum eines menschlichen Organismus strahlend durchströmt und so eine nachhaltige Prägung der literarisch vermittelten Empfindungserneuerung initiiert. Ein Text ist eine summende, brummende, bunte Frühlingswiese literarischen Schaffens, die ihre Leserschaft elektrisiert und ihren Empfindungsleib zutiefst berührt.

Wie dem Meister-Chocolatier als Künstler in der Berufssparte der Konditoren bleibt es dem Kulturschaffenden aus der schreibenden Zunft nicht erspart, eine grundsätzliche Entscheidung zum eigenen Anspruch im Gesamtgefüge der persönlich empfundenen Berufung zur sprachlichen Expression zu fällen: Auch das kleinste Detail im Geschmack und in der Präsentation der Pralinen aus handgeschöpfter Schweizer Schokolade, klassisch veredelt mit Nuss oder Blüte, wie auch in der sprachlich gewählten Metaphorik und konstruktiven Semantik bedarf es nach der (vielleicht) kosmischen Inspiration allerfeinster Sorgfalt bei der genauesten Setzung und Gestaltung, bis sich der größte Kritiker des letztendlich bereitliegenden Produkts befriedigt zurücklehnt und das Werk getrost bestaunen mag, bevor es für den hoffentlich berauschenden Genuss einer breiteren Öffentlichkeit freigegeben wird.

Der Lyriker, der seine Malerei mit Worten in Szene setzt, muss sich entscheiden zwischen einer hingepinselten Massenware, die sich wie in gespachtelter Landschaftsdarstellung mit Matterhorn und röhrendem Hirsch sprachlich unter hübschen Reimen darstellt und gern auch mal als Karnevalskalauer daherkommt, um die trunkene Freude der quantitativ ausgerichteten Konsumgier hervorzulocken beziehungsweise zu befriedigen, und dem Bedürfnis, vielleicht den Formen- und Farbenspielen eines Wassily Kandinsky in sprachlicher Welterfassung nachzueifern oder einmal der direkten Ansprache in der schlichten Schönheit des frühen Expressionismus einer Paula Modersohn-Becker zu entsprechen.

Schaut man heute in die Buchhandlungen, findet sich kaum ein Werk mit anspruchsvoller Lyrik. So etwas verlangt der Kunde nicht. Die Regale und Tische biegen sich im Prosarausch der Massenware, hauptsächlich Kriminalromane, Fantasy oder »leichtere Kost« im Stil von Serienproduktionen. Sich in diesem Wust von Papier und Buchstabensalat zu behaupten und in den Wahrnehmungshorizont seiner Mitmenschen zu gelangen, wirft für den sich der schreibenden Zunft Zurechnenden grundsätzliche Fragen auf. Er ist gehalten, sich in seinem Wertigkeitsfeld zunächst einmal selbst zu definieren, welche Art von Schreibender er denn eigentlich sein möchte. Ist er vielleicht ein »Verfasser«, jemand der Texte verfasst, konstruiert, was ja sehr schablonenhaft zugreifend und technisch klingt? Ist er ein »Schriftsteller«, einer, der das Material seiner Betrachtungen mithilfe von Schrift in die Wahrnehmungszone seiner Mitmenschen stellt, was ja wiederum sehr handwerklich klingt? Oder ist er gar ein Autor, vom Lateinischen »auctor« entlehnt, also ein Förderer der Weltbetrachtung, Veranlasser eines neuen Zusammenspiels von Gedanken, ein Urheber von etwas so noch nie Dagewesenem?

Letzteres klingt verlockend, bedarf aber weiterer Deutung. Wie kommt der Autor mit welchen Mitteln und aus welchen Gründen zu einer als literarisch definierten, qualitativen Ausdrucksform? Eine solche schon häufig gestellte und diskutierte Frage führt meines Erachtens auf die Bücherstapel der mehr oder weniger ansprechenden Erzählungen, die handwerklich sicher recht gut gemacht sein können, ein breites Lesepublikum erreichen und in jedem Fall auch ihre Berechtigung haben. Sie streben nach Stimmigkeit, Expressivität, Originalität oder auch Widerständigkeit, gefallen sich in Grenzüberschreitungen und Ambiguitäten und noch einigem mehr. Allerdings (wie häufig selbst bei Bestsellern zu beobachten) verschwinden sie auch recht bald wieder aus den Bücherregalen und es dauert nicht lange, da sind sie gnadenvoll im dichten Nebel der Geschichte verschwunden. Wie kann das sein? Wie kann so etwas passieren? Und: Was ist die Essenz einer nachhaltig wirkenden Literatur, die sich als Wort-, Satz- und Textdelikatesse aus der schnelllebigen, profanen Massenware abhebt?

Die Grundvoraussetzung für die Schaffung von »Literatur« offenbart sich meines Erachtens in der Veränderung der Betrachtungsperspektive: Nicht der Autor kommt zu seiner Erzählung, sondern die Erzählung kommt zu ihrem Autor, einem ganz spezifisch dem narrativen Komplex zugewandten Autor und selbstverständlich auch zu ihrer passenden Autorin.

Viele bekannte Gesichter der Bücherwelt sind äußerst begnadete Schreiberinnen und Schreiber, arbeiten diszipliniert, recherchieren sehr genau, konstruieren ihre Erzählungen auf hohem sprachlichem Niveau, dem Zeitgeist angepasst oder widersprechend, der eigenen Anschauung und Erlebniswelt geschuldet und im Aufbau mit Höhen- und Wendepunkten perfekt durchdacht. Aber sie gestalten lediglich eine von ihnen ausgewählte Materie, der sie ihren Stempel gekonnt aufzudrücken vermögen.

Ein Literat schreibt anders.

Man gebe einem begabten, künstlerischen Handwerker mit einer ungewöhnlichen Wahrnehmungsbesonderheit sowie einer fundierten Ausbildung einen Eichenstamm oder einen Marmorblock und den genau definierten Auftrag, einen fröhlichen Buddha nach vorgegebenen Maßen herauszuschlagen. Der Kunstbegabte wird eine Skulptur erschaffen, die gefällt, Respekt verdient und gern vergütet wird, um sie am gewünschten Ort in ihrer Perfektion zur Geltung kommen zu lassen. Eine sauber justierte Maschine kann so etwas im Zeitalter der Digitalisierung ebenfalls und gleichwertig.

Der Bildhauer als Künstler indes begegnet einem Eichenstamm oder einem Steinquader und sieht, was in ihm steckt. Er entfernt das überflüssige Material und befreit die enthaltene Gestalt. Was herauskommt, war schon da, ist nicht immer gefällig, kann das Grauen repräsentieren, kann zu Tränen rühren oder eine Anmut entfalten, die den Betrachter sprachlos auf die Knie sinken lässt.

Dem Autor, dem das Material des Weltengefüges begegnet, begegnet es über das gesamte multikomplexe Wahrnehmungsnetz eines wachen Menschen. Unzählige Narrative und ihre sprachlichen Angebote sind schon vorhanden, wabern eingebettet in allerlei Merkwürdigkeiten durch den Raum, suchen ihre Erfassung durch einen dem Spezifikum der Betrachtungswelt zupassenden Autor, den sie erspüren und im glücklichen Fall auch finden. Und dieser Raum ist geprägt von Zorn und Sehnsucht, Verlangen nach Liebe, sexueller Gier, schnöder Eitelkeit, Vergnügungssucht, Liebe zum Reichtum wie auch Verwirrung, Scham, Eifersucht und dumpfer Zufriedenheit – verwirbelt sich in Bestürzung, erbricht sich im Grauen, im Entsetzen und trocknet die Tränen des Kummers, der Trauer, des Ärgers und des Schmerzes mit seinem Mitleid, um dann doch wieder in Schadenfreude und Selbstekel zu vermodern. All diese »Abweichungen von der Idealspur«, all das, was schon die Stoiker im alten Griechenland als Abweichung von der Vernunft und damit als krank gegeißelt haben, bestimmt durch die Jahrhunderte weiterhin die Lebenswirklichkeit der die Autoren einspinnenden Beziehungsnetze.[1]

Dringen derartige Impulse in die sich öffnende Autorin, in den mit der passenden Sensorik ausgestatteten Autor ein, entfernen diese Künstler das Überflüssige, das für die essenzielle Betrachtung des »Fruchtfleisches« Störende, und legen den Wesenskern eines literarisch zu bearbeitenden Komplexes frei. Sie schälen die Pitaya, die Drachenfrucht aus der Familie der Kakteengewächse, die auf ihrer rotgelben Außenhülle von schuppig faserigen Pflanzenauswüchsen übersät ist, so sorgfältig mit ihrem schärfsten Werkzeug, bis ihr weißes oder rotes Fruchtfleisch mit den vielen kleinen schwarzen Samen als Quintessenz der zuvor nicht sichtbaren Innerlichkeit bereitliegt und nun noch der Veredelung bedarf, der Kunst der rechten Zubereitung und dem extravaganten Serviervorschlag. In diesen Autoren gären die aufgenommenen »Früchte« unter den Zutaten des jeweils speziellen Typus »Mensch« in seiner besonderen sozialen und historischen Verfügbarkeit. Hier verquirlen sie mit seinen Prägungen, Vorlieben, Traumata, Empfindungsrhythmen, seiner von den Eindringlingen gespeisten Sprachkompetenz, mit den von ihnen indizierten Bildern und Begrifflichkeiten und ergießen sich schließlich wie reifer Wein zurück in die Welt, um mit dieser »Literatur« das Publikum nachhaltig und über lange Zeiträume zu berauschen. So gelangen in einem Prozess der Resonanz die verworrenen Knäuel menschlicher Wahrnehmungs-Verschlingungen in den Autor hinein und aus diesem auf eine besondere Weise verwandelt auch wieder heraus – die Welt in uns und wir in der Welt.

Für einen Autor oder eine Autorin ist dieser Prozess ein sehr lustvoller Akt, ein hedonistisches Fest, die Schöpfung seines Werkes ähnelt einer Geburt. Der entwickelte Text fließt aus – in einem Stück! Er bedarf noch ein wenig der Hege und Pflege, sozusagen einer postnatalen Nachreifung. Der Autor und hoffentlich das Lektorat legen wohlwollend betrachtend noch

»letzte Hand an«. Und in der Herausgabe eines Buches materialisiert sich letztendlich eine ursprünglich pluripotente Ideengebung aus der erlebten Wirklichkeit, ähnlich dem biblischen Satz der Genesis: Am Anfang war das Wort …

Solche Gärungsprozesse können langwierig sein, sich über Jahrzehnte erstrecken, mitunter dauern sie ein ganzes Leben. Wo und auf welche Art und Weise die in ihren Universalien schon vorhandenen Narrative unter wessen künstlerischem Impuls wieder hervorbrechen und eine Leserschaft für lange Zeit in ihren Bann zu ziehen vermögen - das entzieht sich im Fall einer literarischen Werkschöpfung ganz sicher der bewussten Planung des Schreibenden. »Gute Literatur« kommt somit als eine Tautologie daher. All die Bücher, die mit einer Kriterienangabe für »gute Literatur« Vollkommenheit in der Sprache oder »das gewisse Etwas« zu beschreiben versuchen[2], übersehen das Moment der Inspiration durch die materiellen und immateriellen Grundgrößen unserer planetaren Existenz, die die Autoren auf ihre jeweils spezifische Art anzusprechen vermögen. Das braun gebackene Brot im Märchen »Frau Holle« in der Sammlung der Gebrüder Grimm schreit und duftet aus dem Backofen, verweist auf seine irdische Aufgabe und die wachsende Gefahr zu verkohlen, bis sich die Passende findet, es seiner Bestimmung zuzuführen. Diejenige aber, die sich nicht der Inspiration des Rufes aus der Welt der Dinge hingeben mag, diesen Ruf wahrscheinlich gar nicht zu erfassen in der Lage ist und in dem Märchen als »die Faule« gegeißelt wird, mag in Wirklichkeit eine fleißige und erfolgreiche Kriminalschriftstellerin geworden sein. Nur Literatur kann sie so gewiss nicht schreiben.

Anmerkungen:

1 Ausführungen zu den altgriechischen Stoikern nach Richard David Precht: Erkenne die Welt, München 2015, S. 329 f.

2 Vgl. Hans-Dieter Gelfert: Was ist gute Literatur?, München 2004

Bei dem großen Schriftsteller hat jeder Satz ein Menschengesicht.
Friedrich Hebbel

Ein Tisch ganz für mich allein

Monika Matscheko

Als ich mich dazu entschied, dieses Essay zu wagen, setzte ich mich in einen südsteirischen Weingarten und reflektierte, was dieses Sujet an Neuem und Interessantem in sich bergen könnte. Es tauchten folgende Fragen auf: Wie kam ich selbst vom Lesen zum Schreiben? Welche Meilensteine hatte dieser Weg? Ist es essenziell zu lesen, um schreiben zu können?

Einer der ersten wichtigen Meilensteine auf meinem Weg vom Lesen zum ersten literarischen Schreibversuch war meine Bibliothek. Warum gerade meine Bibliothek? Weil ich zum Bücherwurm mutieren wollte, um die Welt wirklich verstehen zu lernen, weil ich wissen wollte, wie Menschen zu unterschiedlichen Zeiten und in unterschiedlichen Kulturen und Gesellschaften gelebt, agiert und gedacht haben. Meine Lektüren stammen aus unterschiedlichsten Ländern und Kulturkreisen und sind alphabetisch geordnet, was so manchen Besucher verwundert und zu ironischen Aussagen über die penible Jungfrau, die ich im Sternzeichen bin, veranlasst. Im Grunde genommen hat das Alphabet hier jedoch rein praktischen Nutzen. Denn so finde ich Bücher, die ich suche, meistens wieder - meistens, wenn da nicht meine Schwäche wäre, sowohl Autor oder Autorin und Titel des Werkes zu vergessen. Gott sei Dank hat man Buchrücken erfunden, die mich farblich und durch ihren ganz eigenen Schriftzug in meinem Wiedererkennen unterstützen.

Eines war mir allerdings von Beginn an bewusst: dass nämlich Lektüre und Schreiben eine sehr enge, einander verstehende und ergänzende, auch Vorbild gebende tiefe Verbindung eingehen müssen, um sowohl der und dem Lesenden als auch der und dem Schreibenden Genuss zu bereiten. Soll das nun heißen, dass Deep Reading sozusagen Deep Writing ermöglicht, das seinerseits wieder Deep Reading auslöst? Ein Kreislauf, der niemals endet? Heißt das nun, dass literarisches Lesen letztendlich auch in literarisches Schreiben mündet, wenn man es zulässt?

Mein Fazit ergäbe sich dann quasi aus der Frage: Was braucht literarisches Schreiben als grundlegendes Fundament, um interessante, spannende und bereichernde Lektüre zu werden?

Im Folgenden werde ich meinen Gedankengang darlegen, der mich zu dieser Fragestellung geführt hat. Natürlich kann ich nur zeigen, wie ich zu dieser Ansicht gelangt bin, um dadurch den Leserinnen und Lesern zusätzlich die Gelegenheit zu geben, ihre eigenen Schlüsse zu ziehen, indem sie zum Beispiel das eigene Leseverhalten reflektieren und im besten Falle auch aus purer Lust am Experimentieren ein paar Sätze niederschreiben - sei es einen Haiku oder eine Anekdote aus dem eigenen Leben.

Als hochsensitives Kind von acht Jahren bewunderte ich stets den versperrten Bücherschrank in meinem Klassenzimmer, dessen Glastüren mir zum ersten Mal ermöglichten, in eine kleine, angeblich altersgemäße Bibliothek zu blicken. Mit Blicken, leider nicht mit Händen, glitt ich über die verschiedenfarbigen Buchrücken, deren Titel es meiner Fantasie ermöglichten, mir Geschichten auszumalen. Dabei ertappte mich eines Tages meine Klassenlehrerin. Doch anstatt mir den Bücherschrank in die Welt der Sprache und Geschichten zu öffnen, schränkte sie meine Auswahl, es wohl gut mit mir meinend, leider ein, indem sie gleich vier Bücher nannte, für die ich zu sensibel wäre. Obgleich dies kurzfristig das Ende meines Rechts auf freie Wahl der Lektüre war, schürte dieses Verbot meine Neugier heftig und ließ mich schon damals einen Trick anwenden, der mir zu meiner ganz persönlichen Lektüre-Auswahl verhelfen sollte: Meine Freundin Jutta borgte sie für mich aus. In manchen Augenblicken des vertieften Lesens musste ich meiner Klassenlehrerin allerdings dann schon leise beipflichten, da Tränen des Mitgefühls mit dem Schicksal der Figuren über meine Wangen liefen.

So war ich der lebende Beweis für die Formel Plot + Sprache = Wirkung. Häufig ist es sehr unterschiedlich und schwer nachzuvollziehen, welcher Summand dieser Formel am intensivsten für den Summenwert verantwortlich ist, und es lässt sich nur vermuten, dass es bei mir wohl beide Komponenten waren, die diese bereits vorhergesagte Wirkung erzeugten.

Interessanterweise habe ich weder Titel noch Autorennamen im Gedächtnis behalten. Was geblieben ist, ist die Stimmung, die Empathie mit den Figuren und die Macht der Worte ihrer Dialoge. Das soll nun keine Respektlosigkeit gegenüber Autor und Titel sein. Dennoch ist festzuhalten, dass die Ausgestaltung der Figuren und der feine Schliff der Sprache offensichtlich etwas sind, das im emotionalen Gedächtnis bleibt.

Sprachkünstler wie R. M. Rilke, die mit Worten Wahrheiten, Welten, Stimmungen, Verbindungen schaffen, die zum Nachfühlen, Nachdenken und Nachleben anregen, tragen alles in sich, was literarisches Schreiben ausmacht. Rilkes »Über die Geduld« (1. Strophe) könnte Lesende und in der Folge Schreibende dazu animieren, nicht zu ungestüm ans Werk zu gehen, sondern Gedanken und Worte reifen zu lassen, bis sie genau die Nuance in sich tragen, die beabsichtigt ist und ihre Wirkung tut:

»Man muss den Dingen
die eigene, stille
ungestörte Entwicklung lassen,
die tief von innen kommt
und durch nichts gedrängt
oder beschleunigt werden kann;
alles ist austragen –
und dann
gebären.«

Meiner bescheidenen Ansicht nach genügt es einfach nicht, reiner Sprachkünstler zu sein, um sich Literat nennen zu dürfen. Im modernen literarischen Schreiben scheint vieles auf eins hinauszulaufen: Je verknappter die Sprache ist, desto wertvoller ist der Inhalt verpackt. Etwas nicht zu sagen, ist die hohe Schule des literarischen Schreibens von heute. Der Leser soll sozusagen in den Subtext hineinkriechen, die Gehirnwindungen anstrengen, um dahinterzukommen, was nun mit dem Geschriebenen, aber nicht Gesagten, gemeint sein könnte. Brain-Gym beim Lesen? Wozu dann noch für den Cross-Trainer im Fitnessstudio und den

Fortbildungskurs bezahlen? Es stellt sich die Frage, ob der werte Leser dies auch wirklich will! Mögen wir es heute nicht lieber einfach, alles vorgekaut auf dem Silbertablett serviert, auch geistige Nahrung, schön plakativ und reich an Action? Ist daher die moderne Literatur nur etwas für Intellektuelle, die im einsamen Kämmerlein ihr Pfeifchen und auch den Kopf rauchen lassen?

Literatur sollte alle erreichen, tut sie aber nicht. Deutschsprachige Literatur wirkt auf so manchen Leser gequält und bedrückend durch die Mischung von Zeitebenen, durch zu viele Figuren in unterschiedlichen Lebensphasen und an unterschiedlichen Orten, unterschiedliche Probleme bewältigend oder daran zerbrechend, zusätzlich verwirrend. Moderne Literatur stresst hin und wieder, lässt uns kaum Zeit zum Atmen ob der Dynamik der verkürzten Sprache - geschweige denn, dass wir Lesen als Erholung empfinden können.

Ein Abend mit Freunden. Ein Essen zu viert. Gemütlich im Restaurant um die Ecke. Plötzlich Geschichten über die Ex ihres Freundes. Ein Schmerz. Eifersucht. Der Bissen im Mund rutscht nicht mehr. Ihn ausspucken auf ihr Gegenüber. Keine Geschichten hören wollen. Nicht aus dem Gleichgewicht gebracht werden wollen. Einatmen geht nicht mehr. Der Kehlkopfdeckel öffnet sich nicht mehr. Versperrter Weg für Luft und Nahrung. Ersticken? Sterben? Jetzt? Besteck klirrt auf ihren halb leergegessenen Teller. Hals schwillt an. Deckel öffnet nicht. Warten auf die Ohnmacht. Ohnmächtig ausgeliefert dieser bedrohlichen Situation. Hände an den Hals. Ein Räuspern, ihr Freund hilflos. Mit sich beschäftigt. Weiß nicht, was tun. Fluchtgedanken. Sie springt auf, reißt mit der Serviette das Weinglas vom Tisch. Beine zittern. Sich von hier wegbewegen müssen. Unbedingt. Zur Toilette stolpern, als wäre das ihre einzige Rettung. Hämmern des Herzschlags in ihren Ohren.

Endlich allein. Ruhig werden. Hoffen. Durchatmen. Die Distanz ist heilend, der Kehlkopf ist gnädig. Er erlöst sie aus der Angst zu ersticken.

Dies ist ein eigener Versuch, diese verknappte Sprache zu imitieren und am eigenen Leib zu spüren, wie eng es dabei im Brustraum wird, wie gehetzt die Emotion daherkommt und wie bedrohlich die Kombination Sprache und Plot wirken kann. Wie war das noch einmal? Plot + Sprache = Wirkung. Hier haben wir wohl einen Beleg dafür. Wo bleibt allerdings die poetische Langsamkeit im Erzählen? Stendhal hat recht, wenn er sagt: »Ein Roman ist wie der Bogen einer Geige und ihr Resonanzkörper wie die Seele des Lesers.« Denn um die Seele eines Lesers zum Schwingen zu bringen, sollten wir behutsam vorgehen, entschleunigen, damit der Leser den immer intensiver werdenden Klang auch genießen kann. Narrative Langsamkeit kann in uns Lesern eine Metamorphose auslösen, ein Erkennen und Erblühen des eigenen Selbsts. So lernen wir zu verstehen, was Hermann Hesse meint, wenn er uns die Metapher des Lebensflusses vor Augen führt, den Fluss, der Siddharta darin unterstützt, ein Zuhörer, Beobachter und Versteher zu werden.

So sollte es auch bei unserer Lektüre sein. Lassen wir uns Zeit, lassen wir Sprache und Geschichte auf uns wirken, um einen Widerhall zu spüren, der es wert ist, seinerseits niedergeschrieben zu werden. Es braucht Zeit und Achtsamkeit, um den Impuls zum Schreiben bei der eigenen in eine andere Welt entrückenden Lektüre wahrzunehmen. »Lesen stärkt die Seele«, ist wohl einer der beachtenswertesten Aussprüche Voltaires, einem der größten Philosophen der Aufklärung, die die Ratio in den Mittelpunkt gestellt hat.

Das Gedicht von R. M. Rilke oben hat auch mich dazu bewegt, dieses essayistische Gedankenexperiment zu wagen – der These folgend, dass Lesen eine der wichtigsten Säulen für das eigene Schreiben ist, sofern es tiefgehendes, die Seele berührendes Lesen ist, was wiederum heißt, dass jeder Leser seine Lektüre sehr sorgfältig auswählen sollte.

Ich bin selbst überrascht, wie viele Gedanken und Ideen, auch längst vergessene Stimmungen beim Schreiben dieses Essays auf mich einströmen. Die Liebe zur Lektüre öffnet letztendlich auch dem eigenen Wunsch, sich im Schreiben zu versuchen, alle Türen.

Als Quasi-Zusatzgeschenk des Lesens belegt eine Studie der Universität Yale, dass Lesen die Lebenserwartung steigen lässt: Wer wöchentlich bis zu dreieinhalb Stunden liest, hat demnach einem um 17 Prozent höhere als ein Nichtleser. Bei den Viellesern, die pro Woche mehr als dreieinhalb Stunden lesen, liegt die Lebenserwartung sogar 23 Prozent höher. Das tragende Moment beim Deep Reading von Geschichten sei die Möglichkeit zur Identifikation, heißt es. Bücherwürmer leben also länger!

An diesem Punkt meines Essays blitzt ein Satz in meiner Erinnerung auf, den ich vor Kurzem im Roman »Ein Start ins Leben« von Anita Brookner gelesen habe und der im ersten Moment verstörend wirkt, weil er den Anschein erweckt, als würde er alles, was ich bis hierhin geschrieben habe, zunichtemachen: »Im Alter von vierzig Jahren wurde Dr. Weiss klar, dass die Literatur ihr Leben ruiniert hatte.« Die Protagonistin ist Literaturwissenschaftlerin um die vierzig, schön, intelligent und einsam. Erst spät erkennt sie, wie lange sie Literatur, speziell jene von Honoré de Balzac, für das wahre Leben gehalten und dadurch ein einsames Leben für Literatur und Lehre geführt hat.

Lesen und Schreiben als einsame Tätigkeiten? Die zustimmende Antwort auf diese Frage birgt wohl ein Fünkchen Wahrheit. Es sind zwei Inseln, zwischen denen der Leser oder der Autor hin- und hersegelt, beflügelt von den eigenen Gedanken und Ideen, die in der Wechselwirkung von Lesen und Schreiben auftauchen. Diese lassen sich allerdings nur bereitwillig auf weißes Schreibpapier nieder, wenn die Gedankenwelt nicht durch äußere Reize gestört wird. Und flugs kann es geschehen, dass man weder als Leser noch als Autor diese raunende Welt verlassen möchte - eine Welt, die so viel zu sagen hat, wenn man ihr zuhört und sich Zeit für sie nimmt.

Virginia Woolf stellte 1928 in ihrem Essay »Ein eigenes Zimmer« die These auf, dass eine Frau Geld und ein eigenes Zimmer braucht, um schreiben zu können, was mich dazu gebracht hat, mir in meinen Umkleideraum einen entsprechenden Tisch mit bequemer Sitzgelegenheit zu stellen: einen Tisch, der nur mir gehört und auf dem meine geistigen Ergüsse, gemischt mit Werken anderer, die ich alternierend zum Schreiben lese, liegen bleiben können und mich beim nächsten Mal wieder freudig empfangen.

Das ist meine Ecke für mich allein. Schon Cicero sagt, dass ein Raum ohne Bücher ein Körper ohne Seele sei. Warum sollte ich also nicht auch meinem Schrankraum durch mein Lesen und Schreiben eine Seele einhauchen. Es ist wohl Ironie des Schicksals, dass sich meine äußeren Bekleidungshüllen nun mit meinen Schreibexperimenten verbinden. Und manchmal höre ich das eine oder andere Objekt auch wispern.

Hose zu Rock: »Was macht sie da? Sitzt stundenlang am Tisch, zerzaust sich das Haar, spricht mit sich selbst und rutscht auf ihrem Stuhl vor und zurück. Nur gut, dass ich in letzter Zeit viel im Schrank hänge, sonst hätte sie mich wohl schon längst durchgewetzt.«

Beim Lesen und Schreiben wird auch die nicht belebte Welt zum Leben erweckt. Dinge beginnen zu sprechen, Menschen lernen zu schweigen. Oh, du schöne Welt der Literatur! In der Einheit von literarischem Lesen und Schreiben erstrahlt sie am schönsten.

Wohlwissend, dass viele meiner Schreibversuche nicht an die Großen der Weltliteratur heranreichen werden, überkommt mich doch beim Lesen immer wieder das nicht zu überhörende Bedürfnis, Gedachtes und Empfundenes in eigene Worte zu fassen. Lesen entsteht nicht ohne Schreiben und Schreiben fehlt die Faszination ohne Lesen.

Manchmal sollten wir sogar laut lesen, denn erst dadurch erkennen wir, dass Wörter allein nicht genügen, um tiefe Ergriffenheit in unserer Seele auszulösen; es braucht die Sensitivität für die Klangfarbe der Sprache. Dieser Klang bringt Saiten in uns zum Schwingen, von deren Existenz wir vielleicht noch gar nichts gewusst haben. Wörter so zu kombinieren, dass ihre lautliche Färbung Stimmungen vermittelt, ohne noch die genauere Bedeutung der Wörter zu verstehen, wie das beim Lesen fremdsprachiger Texte ja oftmals der Fall ist, darf sehr wohl als die hohe Schule literarischen Schreibens bezeichnet werden.

»Aunque éste sea el ultimo dolor que ella me causa,
y éstos sean los últimos versos que yo le escribo."

Das sind die letzten beiden Zeilen des Gedichts »Poema 20″ von Pablo Neruda. Würde man diese beiden Zeilen ins Deutsche übertragen, käme etwa Folgendes dabei heraus:

Aber dies ist der letzte Schmerz, den sie mir verursacht,
und das sind die letzten Verse, die ich ihr schreibe.

Die Wirkung ist je nach Sprache eine sehr unterschiedliche. Die spanische Klangfarbe vermittelt uns durch dunkle Vokale, wie a, o, u und au den Schmerz darüber, die geliebte Person verloren zu haben. Die tiefe seelische »tristeza« über den Verlust greift auf den Leser über. Der deutschen Übersetzung fehlen die sich wiederholenden dunklen Laute a und o. Durch helle Laute wie e, i und ei wird den Lesern eher ein Gefühl der Verstimmung, des Abschließens eines leidvollen Kapitels bis hin zum Wunsch nach Vergeltung vermittelt.

Was passiert eigentlich mit Menschen, die weder des Schreibens noch des Lesens mächtig sind? Bleibt diesen vieles verborgen, wird ihnen vieles vorenthalten, was der Erbauung und Entwicklung des Menschen dient? Wird Sprache reduziert auf die praktische Nutzung im Alltag? Wird sie damit degradiert zu einem alltäglichen Instrument, das nie zu einem Mittel der Kunst werden kann? Wie wirkt sich diese Mündlichkeitskultur (Oralität) auf das Leben, die Persönlichkeit und die Sicht auf die Welt aus? Bleibt es beim Leben im Kleinen? Laufen wir durch unsere digitale Welt Gefahr, zu Analphabeten zu werden?

Es ist Zeit, die Bedeutung der Schlüsselkompetenzen Lesen und Schreiben wieder in den Vordergrund zu rücken, damit wir Menschen nicht zum Instrument von Macht und Manipulation werden. Und genau deshalb ist mir mein Tisch in meinem Umkleideraum so wichtig: mein Tisch, an dem ich nicht nur, aber auch kritische Gedanken entwickle, ein Tisch, an dem ich nicht gestört werde und an dem ich mich in Ruhe mit der Welt beschäftige, obwohl sie räumlich draußen bleibt. Das ist ein Platz, um die Welt lesend zu verstehen und sie schreibend zu bereichern.

Schreiben ist ohne Lesen nicht denkbar – und umgekehrt. Sie brauchen einander, bereichern einander und öffnen ein wunderbares Tor zur Welt.

Ein Buch will seine Zeit, wie ein Kind. Alle schnell in wenigen Wochen geschriebenen Bücher erregen bei mir ein gewisses Vorurteil gegen den Verfasser. Eine honette Frau bringt ihr Kind nicht vor dem neunten Monat zur Welt.

Heinrich Heine

Zutaten einer guten Geschichte

Jürgen Edelmayer

Was ist eine gute Geschichte? Eine, die mir einen Erkenntnisgewinn bringt, mich in eine fremde Welt eintauchen lässt oder mich wenigstens unterhält, lautet meine Antwort. Um Wörter so aneinanderzureihen, dass sie einen gewissen Sinn ergeben, braucht es nur ein wenig Verstand und Kenntnis der jeweiligen Sprache. So lassen sich Informationen übermitteln und Berichte über Ereignisse verfassen. Doch um beim Leser Interesse zu wecken und ihn dazu zu bringen, dem Verlauf der Geschichte wie gebannt zu verfolgen, bedarf es mehr. Übrigens gilt das auch für andere Textarten wie Reportagen, Reiseberichte oder Essays, auf die ich hier jedoch nur am Rande eingehen möchte. Eine gute Geschichte besteht aus unterschiedlichen Elementen, die einander ergänzen und in ihrer Kombination ein Gesamtkunstwerk ergeben. Zutaten für ein gelungenes Werk sind überzeugende Charaktere, Konflikte, die für Spannung sorgen und an denen die Figuren wachsen können, ein stimmiger Plot, angesiedelt an einem adäquaten Schauplatz, sowie Dialoge, die die Handlung vorantreiben. Eine gute Geschichte bedarf einer gewissen Dynamik, die neugierig auf das Kommende macht. Verfügt der Text zudem über eine formvollendete Sprache, wird ihre Lektüre zu einem reinen Genuss.

Ich bin gewiss nicht fehlerfrei, was Grammatik, Stil und manchmal auch Rechtschreibung angeht. Dennoch verlange ich von Schriftstellern ein Mindestmaß an Kenntnis der deutschen Sprache. Das gilt übrigens auch für TV- und Rundfunkmoderatoren, die dies meiner Meinung nach in zunehmendem Maß vermissen lassen. So hat sich schon vor langer Zeit die für die deutsche Sprache unsinnige Formulierung eingeschlichen, dass etwas »Sinn macht« statt »Sinn ergibt«. Mit wachsendem Unmut verfolge ich die häufigere Verwechslung von »wie« und »als« in Nachrichtensendungen und anderen Formaten. Das Wissen um den Komparativ scheint verloren zu gehen, was ich sehr bedauere. Stattdessen haben sich unsinnige Hyperlative wie »einzigste« eingeschlichen, die lesen oder hören zu müssen, dem Verfasser körperliche Schmerzen bereitet. Auch Aussagen, wonach jemand hundertzehn oder gar tausend Prozent gibt, verursachen beim Schreiber dieser Zeilen ebenfalls Unwohlsein.

Ein Schriftsteller sollte wissen, worüber er schreibt. Daher ist Recherche unverzichtbar, wenn der Autor nicht über einen eigenen Erfahrungsschatz verfügt. Fachliche Unkenntnis kommt beim Leser nicht gut an. Sachliche Fehler führen schlimmstenfalls dazu, den gesamten Text unglaubwürdig erscheinen zu lassen. Doch obwohl der Autor über ein gewisses Maß an Bildung oder zumindest Wissen zu dem Thema, über das er schreibt, verfügen sollte, ist es nicht nötig, ständig den Intellektuellen herauszukehren. Es gibt literarische Werke, bei denen ich den Eindruck habe, dass ihr Verfasser damit in erster Linie mit seinem Wissen beeindrucken möchte. Diese Bücher wirken aufgebläht und ihre Lektüre ermüdet auf Dauer. Als wohltuend anders empfinde ich dagegen jene Veröffentlichungen, bei denen der Autor mit einer verdichteten Sprache Überflüssiges aus dem Text verbannt hat und sich nicht selbst in den Vordergrund drängt. Hier ist zu spüren, dass der Schriftsteller weiß, wovon er schreibt, er es aber nicht nötig hat, dies dem Leser ständig unter die Nase zu reiben.

Obwohl ich Philip Roths Roman »Der menschliche Makel« durchaus mit Interesse gelesen habe, ziehe ich ihm »Schande« von John Maxwell Coetzee vor. Beide Bücher handeln von Universitätsprofessoren, die Krisen durchleben müssen. Meiner Meinung nach ist Coetzee die Behandlung dieses Stoffes besser gelungen. Sein Werk empfinde ich als sprachlich dichter und im Gegensatz zu Roths Buch keinesfalls als überfrachtet, weil zu ausschweifend. Um Beschreibungen von Personen, Landschaften oder Gegenständen zu liefern, die im Kopf des Lesers oder vor seinem inneren Auge Bilder entstehen lassen, bedarf es einer exakten Ausdrucksweise. Da reicht es nicht zu schreiben, dass jemand schnell läuft. Nein, er hastet, flüchtet oder eilt die Straße entlang. Ich erinnere mich an eine Aussage, die Mark Twain zugeschrieben wird: »Wenn du ein Adjektiv siehst, töte es – vielleicht nicht in jedem Fall. Aber töte die meisten; dann ist der Rest wertvoll.«

Noch einige Anmerkungen dazu, wie man mich als Leser so richtig vergraulen kann. Im Grunde ist es so, dass Leser und Autor einen Pakt eingehen. Der Leser ist bereit, dem Autor zu folgen und sich auf seine Geschichte einzulassen. Diese Bereitschaft verpflichtet den Autor zur Aufrichtigkeit. Sonst fühle ich mich nicht ernst genommen, löse den Pakt auf und lege das Buch aus der Hand. Gewiss wird hier jeder seine eigene Schmerzgrenze haben. So hat mich vor Jahren ein Bestsellerautor als Leser verloren, als er eine Begebenheit zu Beginn seines Thrillers irgendwann im späteren Verlauf der Handlung als frei erfunden deklariert hat. Diese Wendung hatte für mich weder Hand noch Fuß, sondern erschien mir als wenig inspirierte Verzweiflungstat eines Verfassers, dessen Plot nicht funktionierte. Ich war regelrecht verärgert, weil es für diesen Kunstgriff, wie der Autor diese Dreistigkeit nannte, zuvor nicht den geringsten Hinweis gegeben hatte. Damit sind wir bei einem Punkt angelangt, der für die Akzeptanz einer Geschichte durch den Leser entscheidend ist. Die Rede ist von Glaubwürdigkeit oder auch Wahrhaftigkeit. Auch wenn ich als Autor eine Geschichte in einer Fantasiewelt spielen lasse, bin ich den Lesern gegenüber verpflichtet, ihnen eine schlüssige Handlung zu präsentieren. Selbst im Bereich der Fantasy goutiert es das Publikum nicht, wenn es aus dem Hut gezauberte Lösungen präsentiert bekommt, deren Entwicklung in keiner Weise nachvollzogen werden kann.

Sprache ist Magie, die Bilder schafft. Je exakter diese Sprache ist, desto deutlicher werden sie, nehmen die Leser mit auf eine erlebnisreiche Reise. Also her mit den spannenden Erzählungen, die mich an fremde Gestade führen und ferne Länder erkunden lassen oder mir die anrührende Lebensgeschichte eines Nachbarn offenbaren! Her mit den Texten, die mir einen Erkenntnisgewinn bescheren, meinen geistigen Horizont erweitern und mir helfen, fremde Dinge, Menschen und Welten zu verstehen. Solche Werke bereichern mich auf eine Weise, die sich nicht mit Gold aufwiegen lässt.

Die Literaturgeschichte ist die große Morgue, wo jeder seine Toten aufsucht, die er liebt oder womit er verwandt ist. Wenn ich da unter so vielen unbedeutenden Leichen den Lessing oder den Herder sehe mit ihren erhabenen Menschengesichtern, dann pocht mir das Herz. Wie dürfte ich vorübergehen, ohne euch flüchtig die blassen Lippen zu küssen?

Heinrich Heine

Die Angst vor der leeren Seite

Philip Hart

Die freie Seite: der Albtraum jedes Autors. Eine seltsame Angst, die Furcht vor dem Nichts, die Furcht vor der Abwesenheit einer Geschichte, zumindest aber die Furcht vor dem Scheitern, etwas Lebendiges schaffen zu können. Es ist die Angst Dr. Frankensteins, ein weiteres Mal lose Leichenteile zusammenzuflicken und dabei zuzuschauen, wie sie leblos bleiben, wie der Berg aus totem Material keinen Finger von selbst rührt, das große Scheitern. Doch wie stellt man sich dieser Angst? Braucht es bloß einen genialen Einfall und genügend Zeit? Ist es eine Frage des Glücks? Sind einige von uns dazu fähig, leere Seiten zu verzaubern, während andere stumpf davorsitzen und gelegentlich eine hohle Floskel darauf kritzeln? Wie entsteht Wortkonfekt?

Zuckerbeschaffung

Kandierte Früchte, Fondants und Pralinen haben alle etwas gemeinsam. Es ist dieser eine gemeinsame Nenner, dem man sich im ersten Entstehungsschritt widmen muss. Zuckerbeschaffung! Wer gute Geschichten schreiben will, braucht ein Thema. Wer nicht weiß, worüber er schreiben will, bleibt ewig vor der weißen Seite sitzen. Die Zuckerbeschaffung sollte niemandem Angst bereiten. Einige Schriftsteller verbringen Monate vor leeren Seiten, weil sie keinen Anfang finden. Der Trick ist, dass der Anfang nicht der Beginn sein muss. Der Zucker – das ist die erste Idee. Und diese Idee kann alles sein. Es muss keine fertige Geschichte sein, nicht einmal der Name des Protagonisten muss Teil davon sein. Bei der Zuckerbeschaffung geht es darum, etwas Süßes zu finden, etwas, über das man schreiben möchte, etwas das einen berührt. Dabei kann es sich um ein ganzes Thema handeln oder nur um einen Satz, der einem beim Frühstück eingefallen ist. Manchmal reicht ein Wort. Die Zuckerbeschaffung stellt den ersten Stein einer Mauer dar. Der Unterschied zur Physik besteht darin, dass der Rest deiner Geschichte nicht auf diesem Stein aufbauen muss. Es kann sogar sein, dass du den Stein am Ende gar nicht mehr in die Geschichte einbaust. Du brauchst ihn nur, um einen Funken entstehen zu lassen, um ein Feuer zu entfachen. Die Zuckerbeschaffung ist also nicht mehr als eine Idee, ein Vorhaben, ein Thema, etwas, das dich beschäftigt oder mit dem du dich beschäftigen willst. Du musst dir an diesem Punkt noch keine Gedanken über die Verpackung oder die Verarbeitung des Zuckers zu Konfekt machen. Du musst nur etwas finden, das es wert, ist damit weiterzuarbeiten.

Angeln

Nachdem die erste Idee geformt ist, vielleicht inspiriert durch einen dahinschwebenden Duft, eine blasse Erinnerung oder ein intensives Gespräch, kommt das Angeln. Das bedeutet: Köder suchen, Route auswerfen, warten und an Land ziehen. Aber was bedeutet das konkret? Zwar ist Angeln größtenteils eine passive Tätigkeit, dennoch bedarf es einiger aktiver Handlungen, um sicherzugehen, dass auch ein paar Fische anbeißen. Beim Angeln sorgt man dafür, dass das Gehirn beschäftigt ist. Zunächst studiert man den Zucker. Man schaut, was man da vor sich liegen hat und baut Assoziationen dazu auf. Wer mag, kann sich an dieser Stelle gerne mit etwas Recherche die Zeit vertreiben: Sachbücher über das Thema lesen, Artikel, Romane oder Kurzgeschichten, manchmal auch bloß den Wörterbucheintrag eines bestimmten Begriffs prüfen. Es gibt hier kein Richtig oder Falsch. Einige lesen sich tief in ein Thema ein, andere wandern durch zwei Kunstausstellungen und finden dort ihre Inspiration. Wichtig ist vor allem, das Gehirn dazu zu bringen, sich mit dem gewünschten Thema auseinanderzusetzen. Wenn die Information erst einmal im Unterbewusstsein umherschwappt, arbeitet das Gehirn ganz von allein. Das geht aber nur, wenn man es zunächst an das gewünschte Thema heranführt – genau wie nur Fische anbeißen können, wenn die Angel ausgeworfen ist.

Dieser Arbeitsschritt besteht aus stundenlangem Starren aus dem Fenster oder langen Spaziergängen, aus Abwaschmachen oder Gesprächen. Es ist ein ewiges Warten darauf, dass ein Satz, ein Romanfragment, ein Handlungselement anbeißt. Wenn man etwas am Haken hat, muss man die entsprechende Idee nur noch auf einem Schmierzettel oder in einem Heft niederschreiben. Mehr passiert zunächst nicht mit den gefangenen Ideen. Sie werden bloß festgehalten. Warten und Sammeln: Das ist die Devise.

Anders als bei tatsächlichem Konfekt braucht es hier keine Haarnetze oder Gummihandschuhe. Das Angeln ist auch keineswegs eine klinische Tätigkeit; im Gegenteil! Die Umgebung wird organisch und zwangsläufig einbezogen. Egal, ob du in einem Café auf eine Serviette, in einer Bücherei in ein Heft oder in der U-Bahn mit deinem Handy schreibst – du bist nicht frei von deiner Umgebung. Dir gefällt die Haarfarbe der Frau zwei Plätze weiter? Lass sie einfließen. Was ist mit der Hornbrille der Kassiererin oder dem morgendlichen Duft in der Bäckerei? Wie wirkt dieses Bild auf dich oder dieser eine Song? Du musst nicht über diese Dinge schreiben, doch du kannst dich ihrer bedienen. Das Angeln ist wie die Herstellung eines Mosaiks. Probiere dich aus, lass die Umgebung mitwirken: Es trägt zur Süße bei. Mach dir keine Sorgen darum, wenn du dich dabei erwischst, wie du deine Lieblingsautoren imitierst oder die Kontrolle über deinen Inhalt verlierst. All das wird später aussortiert. Beim Angeln sollten die Kanäle offen sein. Dein Herz ist gebrochen? Du hast heute Geburtstag? Du stehst vor dem Uniabschluss? Lass diese Dinge einfließen, denn das sind Dinge, die du verstehst, Gefühle, die dir bekannt sind, Situationen, die du beschreiben kannst. Nutze die Energie von etwas Persönlichem. Angeln ist keine Tätigkeit, die Perfektion abverlangt, sondern ein waches Auge und viel, sehr viel Geduld. Das Ende der Angelphase erkennst du, wenn sich ein Sammelsurium an Notizzetteln auf deinem Schreibtisch türmt, eine Kollektion mit Fakten und Sätzen, Zitaten und Informationen, Charaktereigenschaften und Stilmitteln, ein Stapel an

Ideen, die noch keine höhere Ordnung erfahren haben. Wenn du so etwas vor dir hast, kannst du zum nächsten Schritt übergehen.

In Form pressen

Wer an diesem Punkt angelangt ist, hat bereits die Hälfte geschafft - und das, obwohl er nur ein paar Ideen aufgeschrieben und sich mit dem Thema beschäftigt hat. Der nächste Schritt lässt sich in unterschiedlichen Intensivitätsstufen ausführen und dauert dementsprechend unterschiedlich lang. Ich stelle hier beispielhaft vor, wie ich die Masse in Formen presse. Der Vorgang lässt sich jedoch stark variieren, kürzen oder verlängern. Wenn ich also meinen Stapel an Notizen vor mir liegen habe - all die rohen, ungefilterten Gedanken -, digitalisiere ich sie zunächst. Diese Arbeit ist stumpf, doch gerade darin liegt ihr Vorteil. Das simple Übertragen einer Notiz in eine digitale Masterdatei ist äußerst anspruchslos. Man muss ganz frei von Druck die Sätze auf der Tastatur eingeben, die man in den vergangenen Wochen mit Stiften auf Papier geschrieben hat. Die Schönheit dieses Vorgangs zeigt sich darin, dass der Akt des Übertragens bereits die Möglichkeit einer Reflexion oder Optimierung der ursprünglichen Idee zulässt, ohne diese Eingriffe zu diktieren. Sätze lassen sich umstellen, Wortwahlen ändern, ganze Ideen erweitern oder verwerfen. Für gewöhnlich drucke ich die Notizen aus, wenn sie alle in eine Datei übertragen worden sind, und zerschneide die Blätter im Anschluss in Streifen. Darauf folgt ein intuitiver Prozess des Arrangierens verschiedener Satzfragmente. All meine Notizen liegen wie Mosaiksteine vor mir. Ich kann sie aneinanderlegen, um zu prüfen, ob sie miteinander harmonieren. Nach einiger Zeit ergibt sich für gewöhnlich eine Art Lückentext. Die aneinandergereihten Notizen erzählen bruchstückhaft die Geschichte, die ich am Ende erzählen möchte. Es ist, als hätte man nun alle Steine einer Mauer vor sich liegen, doch fehlt es noch an Zement zwischen den Steinen, an Bindemasse. Die Highlights des Textes, die wichtigsten Aphorismen und Wendungen, die grobe Handlung sowie die Charaktere - all das existiert bereits, doch mangelt es noch an etwas Wesentlichem. Die Leichenteile sind verbunden, nun muss ihnen Leben eingehaucht werden.

Verpackung

Wie ein unverpacktes Geschenk keine Spannung in sich trägt, wirkt auch Konfekt am besten, wenn man es in einen Kontext setzt, es also in eine Packung legt. Bisher haben wir eine Sammlung loser Sprüche und Notizen, die uns einen ungefähren Eindruck des Ganzen geben. Aber erst, wenn wir sie miteinander verbinden, wenn wir sie in eine Schachtel legen und die Stellen zwischen den Pralinen ausfüllen, dabei die Pralinen selbst teilweise noch den Formen anpassen, ergibt sich ein stimmiges Gesamtbild.

Dadurch, dass man die Fragmente bereits in eine Ordnung gebracht hat, startet man nun nicht länger auf einer weißen Seite, sondern besitzt die Möglichkeit, beliebig an einer Stelle des roten Fadens zu beginnen. Die Satzfragmente kann man sich wie Punkte auf einer Karte vorstellen, die einen vorbestimmten Weg markieren. Als Autor kann man nun an jedem beliebigen Punkt starten und erhält dank der Vorbereitung bereits einen ungefähren Überblick über die Szene. Oft kommt es vor, dass sich die Fragmente mit wenigen Sätzen verknüpfen lassen. Manchmal entsteht eine kreative Welle und man verwirft plötzlich mehrere Punkte, weil einem eine bessere Idee kommt. Man sollte an dieser Stelle kein Problem damit haben, sich von einigem Material zu trennen: »Kill your darlings«, wie es so schön heißt. Einige Notizen sind für sich genommen stark, passen jedoch nicht im Kontext des Gesamtwerks.

Wenn man die Punkte miteinander verknüpft hat, das Konfekt in eine Packung gelegt hat, mit der die Einzelteile harmonieren, wenn das Ganze also servierfähig ist, dann hat man Wortkonfekt. Die verbundenen Leichenteile ergeben ein Wesen. Durch die Konzentration auf jeden einzelnen Abschnitt schafft es dieses Wesen idealerweise schließlich, eigenständig zu leben. Man hat eine echte Geschichte geschaffen.

*Dreiviertel meiner literarischen Zeit ist
überhaupt Korrigieren und Feilen gewesen.*

Theodor Fontane

Im fahlen Licht des weißen Papiers

Michaela Ortis

Als Kind habe ich mir vorgestellt, wie es wäre, wenn jeder Mensch für sein ganzes Leben nur eine bestimmte Anzahl von Wörtern zum Sprechen hätte. Wenn die aufgebraucht sind, müsste er für immer schweigen. Politikerinnen, Lehrer oder Geistliche wären Heldinnen und Helden gewesen, die ihr Kontingent schneller verbrauchen für den Dienst an der Öffentlichkeit - bevor sie für immer schweigen.

Mich hätte das nicht betroffen. Das große Wort zu führen oder endlose Besprechungen haben mich nie interessiert. So habe ich weniger geredet und mehr geschrieben: in der Volksschulzeit seitenweise Abenteuer- und Sagenbücher, im Gymnasium lange Aufsätze und Text-Interpretationen. Nach einigen Zickzack-Wegen habe ich Schreiben schließlich zu meinem Beruf gemacht.

Nie wäre mir in den Sinn gekommen, dass es auch beim Schreiben ein Kontingent geben könnte, dass Autorinnen, Journalisten und ich selbst irgendwann keine Worte mehr zu Papier bringen würden. Schreiben hatte damals schon etwas endlos Bedeutsames für mich. Es war mein Traum und ein Traum darf keine Grenzen und kein Kontingent haben.

Mit dem Lesen kommt der Schreib-Appetit - und genauso umgekehrt: Mit dem Schreiben kommt der Lese-Appetit. Der ewige Kreislauf hatte mich erfasst. Meine Eltern meldeten mich in der städtischen Bibliothek an, um meinen Lesehunger zu stillen. »Liest du das wirklich alles selbst?« fragte die Bibliothekarin einmal, als ich wie jede Woche mit vier neuen Büchern nach Hause ging. Ich verstand die Frage nicht, sondern fragte mich vielmehr, warum ich nur vier Bücher ausleihen durfte.

Das ist schon eine Weile her. Bücher erscheinen immer noch. Junge Menschen verschlingen Tausende Seiten. Wer die Nominierten für Buchpreise sieht, staunt über die vielen dicken Wälzer: Unter 500 Seiten geht scheinbar heute gar nichts mehr.

Doch für wen wird da eigentlich noch geschrieben? Denn es ist etwas in unser Leben geplatzt, das Raum einnimmt, sich ausbreitet in unser aller Alltag, uns süchtig macht: Kommunikationstechnologien. Sie haben unser Lesen und Schreiben verändert.

Weniger Papier, mehr Bildschirm. Vor allem aber gilt: Wir lesen schnell und quer, wir lesen komprimierte Texte, Überschriften. Unsere Aufmerksamkeitsspanne wird kürzer, denn da wartet ja schon der nächste Lesehappen, das nächste Posting, das nächste Emoji, das nächste Video. Immer weiter scrollen, immer weniger Zeit, über eine schöne Formulierung nachzudenken, einen Gedanken abzuwägen oder in einer Geschichte stundenlang zu versinken.

Neue Kommunikationstechnologien haben nicht nur das Lesen verändert, sondern auch das Schreiben in den Hintergrund gedrückt. Zuerst hat uns das Telefon über weite Distanzen hinweg zum geschwätzigen Reden gebracht; es eroberte die Welt und machte sie kleiner. Wozu noch jemandem einen Brief schreiben, wenn man alles jederzeit direkt sagen kann? Noch gesprächiger wurden wir, als Handy und Pauschal-Tarife in unser Leben traten. Und mit dem Handy kam noch etwas: die SMS, mit dem Smartphone später die sozialen Medien. Damit begannen viele wieder zu schreiben, zu tippen. Es ist eine völlig andere Schreibkultur, die da entsteht. Vor allem hat sie andere Auswirkungen. Chats laufen heiß vor Wut. Befindlichkeiten werden gepostet, die im nächsten Moment vergessen sind, weil eine neue Nachricht aufpoppt. Jeder kann in Sekundenschnelle der ganzen Welt etwas erzählen. Tippen, senden, ohne lange nachzudenken, Likes bekommen. Beim Schreiben gibt es kein Kontingent, davon war ich ja schon immer überzeugt. Aber ist dieses endlose Tippen, Liken, Scrollen, Posten für die ganze Welt das grenzenlose Schreiben von heute? Liest jemand diese endlosen Chatverläufe ein zweites Mal, so wie wir es mit Büchern tun?

Doch, es gibt jemanden, der das alles liest. Das sind die Algorithmen der Internet-Konzerne, die unsere Chats speichern und auswerten. Die Inhalte lesen sie nur zum Teil, ihr Interesse gilt dem sogenannten Schatten: wie wir schreiben, wie wir auf etwas reagieren. Denn unsere Gefühle und Emotionen sind viel interessanter, wertvoller, um daraus ein immer genaueres Persönlichkeitsprofil zu erstellen. Auf dieser Basis erraten sie unsere Gedanken im Voraus, erkennen unsere Ängste und dann genügt ein leichter Schubs, die passende Botschaft: »Du bist müde heute, du hattest einen schweren Tag, Produkt Y hilft dir, abends zu entspannen. Gönn es dir, du hast dir Y verdient.« Gerührt sind wir ob des Mitgefühls, erkennen nicht, dass dahinter eine Maschine steckt, der ganz egal ist, ob es uns gut geht oder schlecht, ob wir entspannen oder nicht; die Maschine wünscht uns nichts Böses und auch nichts Gutes, sie will einzig und allein, dass ihre Werbebotschaft funktioniert und wir Produkt Y bestellen. Und wir, gerührt, weil uns endlich jemand versteht - sei es auch nur eine Künstliche Intelligenz -, klicken auf Bestellen, die Kreditkartendaten sind eh gespeichert, alles geht ganz reibungslos und auch die Lieferung kommt schnell. Denn als Premium-Kunde sorgen wir dafür, dass die Angestellten in den Auslieferungslagern ordentlich rennen müssen.

Schluss damit!

Deshalb schreibe ich auf Papier. Hier liest niemand mit, hier redet niemand mit und ich muss nichts bestellen. Allerdings antwortet mir auch niemand, weder Freundinnen und Freunde in den Chats, noch die KI, die Werbung generiert, damit ich mir etwas Gutes tun kann. Ich muss für mich selbst sorgen, mir selbst etwas Gutes tun, ganz allein nur mit dem Blatt Papier und dem Stift.

Nur? Nein, es ist ein kostbares Nur. Ein Nur, das Freude macht und Licht bringt. Ich schreibe und ich höre nicht auf zu schreiben. Es gibt kein Kontingent, endlos gleitet der Stift im freien Gedankenfluss übers Papier. Das Geschriebene kann ich nachher lesen, aber ich muss nicht. Alles bleibt zwischen dem Papier und mir, außer ich selbst entscheide, es zu veröffentlichen. Genauso kann ich das Papier zerknüllen, zerreißen, wegwerfen oder tief in einer Schublade vergraben und es dem Zufall überlassen, es wiederzuentdecken. Ich schreibe mein Leben auf, meine Gedanken, oft Banalitäten. Doch ich spüre, da entsteht etwas. Zwischen den Zeilen poppt eine Erkenntnis auf. Oft fange ich an, betrübt und hadernd mit dem Schicksal, und drei Seiten weiter stehen plötzlich fröhliche optimistische Worte, die buchstäblich aus meiner Feder geflossen sind - zu meiner eigenen Überraschung.

Manchmal dauert es Wochen des steten Schreibens, bis die optimistischen Worte kommen. Das Papier sieht zu, hört zu. Wer die Welt mit Worten auf Papier bringt, ordnet seine Gedanken. Obwohl ich chaotisch schreibe - ich hüpfe von einem Gedanken zum anderen - kanalisiert der Fluss des Schreibens mein Denken. So beobachte ich mich und die Welt, wobei die vier Ränder des Papiers meine Welt eingrenzen. Sie machen die Welt greifbarer, begrenzter, vor allem in Momenten, in denen Kummer, Sorge, Verzweiflung wie eine Sturzflut über mich hereinbrechen. Da stehen die Worte, manchmal zittrig geschrieben, dennoch wacker auf dem Papier. Und siehe da, das Papier, auf dem ich schreibe, ist wasserfest, es widersteht der Sturzflut aus Sorgen. Manchmal verschwimmen Buchstaben, wenn Tränen aufs Papier tropfen. Dann weint das Papier mit mir, es wird wellig, wie mein Leben Wellen schlägt. Das ist tröstlich, weil es uns beiden ähnlich geht, dem Papier und mir, weil ich sehen kann, dass meine Tränen auch trocknen. Das Papier bleibt nach dem Trocknen wellig, so wie das Leben Narben hinterlässt; manche Buchstaben bleiben verschwommen, der Satz ist dennoch lesbar.

Im Sturzbach der Sorgen versammeln sich dunkle Worte auf dem Papier, aber das weiße Papier erinnert an Helligkeit. Es ist nur ein ferner Schimmer, zum Glück nicht so grell und unbarmherzig weiß wie der Bildschirm des Smartphones. Das schwache Licht des Papiers ist genau die Portion Hoffnung, die ich ertragen kann. Deshalb schreibe ich die Seite voll und das weiße Papier füllt sich mit blauer Tinte. Das ist die einzige Aufgabe, die noch Sinn ergibt. Alle Wörter und Worte gebe ich. Ich gebe, was ich geben kann und das sind Worte. Ich verschenke meine Worte und schenke sie gleichzeitig mir selbst. Vielleicht ist eines dabei, das mich aus dem rotierenden Sog der kreisenden Gedanken herauszieht. Ich habe Zweifel. Trotzdem schreibe ich, höre nicht auf zu schreiben. Es ist das einzige, was ich kann. Ich schreibe, um bei mir zu sein und mich zurechtzufinden in der Welt.

Im fahlen Licht des weißen Papiers, auf dem die blauen Worte kämpfen, um nicht wegzuschwimmen, schreibe ich eines Tages das Wort Akzeptanz und bin überrascht, woher es kommt, dass hier plötzlich Akzeptanz auf dem Papier steht. Akzeptanz - das bedeutet nicht Resignation oder Passivität, schreibe ich. Und weiter: Akzeptanz heißt auch nicht, dass ich alles mögen muss. Akzeptanz heißt, dem Gedankenkarussell, dem Sog des Sturzbachs ein Ende zu bereiten. Akzeptanz bringt Gleichmut und Klarheit, um angemessen handeln zu können im Jetzt. Denn nur im Jetzt entscheide ich, wie ich weiterlebe.

Daher schreibe ich jetzt. Auch wenn meine Worte verschwimmen durch meine Tränen. Ich muss nur lange genug von einem Moment zum anderen weiterschreiben, das weiß ich mittlerweile.

Eines Tages steht da ein neues Wort - und leuchtet.

Eines Tages kommen zum Wort weitere Wörter und es wird klarer.

Eines Tages fließen die Wörter zu Sätzen und plötzlich ist es leicht.

Eines Tages steht da eine Geschichte und erzählt vom Leben.

Was mit mir das Schicksal gewollt? Es wäre verwegen,
Das zu fragen; denn meist will es mit vielen nicht viel.
Einen Dichter zu bilden, die Absicht wär ihm gelungen,
Hätte die Sprache sich nicht unüberwindlich gezeigt.

Johann Wolfgang von Goethe

In einem Buch müssen sich Sätze wie die Blätter im Wald bewegen, alle in ihrer Ähnlichkeit unähnlich.

Gustave Flaubert

Gibt es ein Patentrezept fürs Schreiben?

Susanne Ulrike Maria Albrecht

Hinter jedem Text steht ein Mensch, der sich schreibend darstellt. Es kann also nicht nur darum gehen, Werke zu beurteilen. Das Ziel sollte sein, den Texten, wie auch ihren Verfasserinnen und Verfassern gerecht zu werden, sie ernst und wichtig zu nehmen, sie in all ihren Facetten zu betrachten und zu verstehen. Daraus ergibt sich die eine oder andere Anregung fürs Schreiben. Es gibt natürlich die subjektive, oft recht spontane Einschätzung und darüber hinaus den Vergleich mit den vielen Werken aus Leseerfahrungen über Jahre hinweg. Letztendlich bleiben aber einige Punkte übrig, die bei einer objektiven Einschätzung helfen können. Wirklich jeder auch noch so kurze Text erzählt eine Geschichte, vermittelt Inhalte. Ist diese Erzählung intensiv, schlüssig, berührend, vielleicht auch verblüffend, erheiternd, bedrückend? Entfaltet sie Wirkung, erweckt sie Anteilnahme? Für alle Geschichten, für alles Erzählte gibt es eine Form, eine Art zu erzählen. Entspricht diese Form dem Inhalt? Ist die Form bewusst gewählt oder hat sie sich irgendwie ergeben? Geht das Erzählen über die sorgfältige Formulierung hinaus? Unterscheidet sich ihr literarischer, gestalterischer Anspruch zum Beispiel von einem gekonnt geschriebenen Tagebucheintrag, einem Gelegenheitsgedicht oder einem Schulaufsatz? Jeder, der literarisch schreibt, erzählt nicht nur, reflektiert nicht nur sein Inneres, sondern gibt das Ergebnis einem unbekannten Lesepublikum preis, wagt einen vielstimmigen Dialog, setzt sich gnadenlos der Öffentlichkeit aus, ist nicht und nie mehr privat. Der Inhalt verlangt nach seiner Sprache. Sprache ist das wesentliche Werkzeug schreibender Menschen – ein präzises Werkzeug, schwierig zu handhaben und oft genug zum Verzweifeln sperrig. Wer es sich leicht macht und irgendwie schreibt, gibt ein sehr wertvolles Gestaltungsmittel aus der

Hand. Dabei ist der Sprache alles erlaubt: Sie kann edel sein oder gewöhnlich, fein und kunstvoll oder grob, blumig oder herb, beiläufig oder gewichtig, konsequent oder sprunghaft, hässlich oder schön. Aber sie muss sich immer klar und überzeugend aus Inhalt und Form ergeben. Für den Fall, dass diese Kriterien gemeinsam zutreffen, ist schon sehr viel gewonnen. Nur ein unbefriedigend erfülltes Kriterium kann einem sonst wirklich guten Text entscheidend schaden.

Von nicht ganz so entscheidender Bedeutung sind folgende Punkte: Ist der Text authentisch oder gewollt? Ist er etwas Eigenes oder eifert er einem Vorbild nach? Wirkt er alles in allem glaubwürdig oder doch eher konstruiert, allzu bemüht auf eine Botschaft hin geschrieben? Leider gibt es nach wie vor kein Patentrezept fürs Schreiben, wohl aber ein paar Eckpunkte, die wirklich hilfreich sein können. Eine Abhandlung, ein Artikel muss immer in einem klaren, verständlichen Schreibstil gehalten sein, in kurzen, sachlichen Sätzen formuliert. Mark Twain bringt es perfekt auf den Punkt: »Schreiben ist leicht. Man muss nur die falschen Wörter weglassen.«

Eine Sprache mit Geschick handhaben heißt,
eine Art Beschwörungszauber treiben.

Charles Baudelaire

Was tun die Personen in einem Buch, wenn es gerade niemand liest?
Michael Ende

Die Kunst des Atmens

Désirée Braun

Ich atme. Du atmest. Er und sie atmen. Zusammengefasst: Wir alle atmen. Wir tun es ganz offensichtlich und so selbstverständlich, dass wir nicht darauf achten, solange es funktioniert. Erst wenn wir krank werden, wenn das Atmen holprig wird und immer schwerer, wird uns plötzlich wieder klar, wie wichtig das Atmen ist.

Ein- und ausatmen: Das ist nichts Großes, möchte man meinen. Und dennoch sollte man immer darauf achten - zumindest wenn du Arzt bist. Denn wenn dein Patient aufhört zu atmen, heißt das in den meisten Fällen, dass er tot ist.

Wenn du schreibst, bist du der Arzt und der Patient ist die Geschichte, die du erzählen willst. Und deshalb solltest du größten Wert darauf legen, dass deine Worte atmen. Wenn deine Geschichten nicht atmen, sind sie tot. Und kein noch so guter Geschichtenerzähler kann sein Publikum davon überzeugen, dass er nicht atmen muss, um zu überleben. Wenn wir also sagen, dass Geschichten atmen müssen, sollten wir uns damit beschäftigen, was genau Atmen in diesem Zusammenhang bedeutet.

Ich schreibe, seit ich denken kann: Gedichte, Essays, Romane, Parabeln - die erste Geschichte, von der ich weiß, habe ich mit sieben oder acht Jahren geschrieben. Seitdem habe ich mich nicht mehr von all den Wörtern und Worten losreißen können. Mit jedem Satz, den ich auf Papier gebannt habe, bin ich einer ganz bestimmten Erkenntnis nähergekommen: Der Atem der Geschichten ist ihre Glaubwürdigkeit.

Die Glaubwürdigkeit einer Geschichte ist das Erste, das den Leser interessiert, sobald er sich ins Labyrinth der Ideen begibt, sobald er den Buchdeckel aufschlägt. Er möchte überzeugt werden von einer Welt, die größer, bunter, besser, schlechter, voller ist als die, in der er lebt. Und es ist deine Aufgabe als Schreiberling, die Geschichte mit Glaubwürdigkeit zu ummanteln. In gewisser Weise baust du ein Lügengespinst - verlockend genug, um sich darauf einzulassen, oder aber so zart wie ein Spinnennetz, auf dass der Leser sich darin verfängt wie eine Fliege und nicht mehr herauskommt. Ja, ein kleines bisschen Hinterlist und Gemeinheit gehört schon zum Schreiben.

Wie also überzeugst du den Leser?

Am allerwichtigsten: Du kannst niemanden von deiner Geschichte überzeugen, wenn du nicht selbst daran glauben kannst. Auf jedes andere Theater fallen die Leser nicht herein. Sie sind nicht dumm, das darfst du nicht vergessen. Geschichten können noch so durchdacht, noch so ausgeklügelt sein, doch auch die besten Charaktere und die beste Handlung können nicht über ein fehlendes Fundament der Überzeugung hinwegtäuschen. Wenn du deine Geschichte nicht erzählst, als wäre sie die reine Wahrheit, wird der Leser dir nicht glauben.

Von vielen Lesern hört man, dass der Schreibstil sie am meisten interessiert, dass sie von manchen Autoren sogar Waschmaschinenanleitungen lesen würden, von anderen jedoch nicht mal den jüngst verfilmten Actionthriller. Das liegt daran, dass viele Schreiber vor lauter Metaphern, Anaphern und Personifikationen vergessen, dass das Buch erst im Kopf des Lesers zu Ende geschrieben wird. Wenn dein Schreibansatz aber nicht überzeugt, werden sie sich nicht die Mühe machen, diese Illusion zu perfektionieren.

Natürlich sollst du deine Geschichten nicht *ernst* nehmen. Du musst den schmalen Grat zwischen Lüge und Übertreibung finden. Wenn du dort stehst, kannst du den Lesern sogar unter die Nase reiben, dass das alles nur ein Schwank zu Unterhaltungszwecken ist, ohne an Glaubwürdigkeit einzubüßen. Wenn du einen sicheren Stand gefunden hast, solltest du hin und wieder einen Witz einfließen lassen und dem Text noch etwas mehr Dimension geben. Du kannst dich sogar über deine Leser lustig machen, du kannst dich daran erfreuen, dass sie deine Witze nie verstehen werden - solange du nur nicht vergisst, dass du auch, um einen Witz zu erzählen, Luft holen musst. Sonst bleibt er stumm und eben unlustig. Das heißt: Erzähle Witze, damit der Text locker und einfach zu lesen bleibt, aber reihe die Witze nicht zu eng aneinander, damit der Witz noch zu erkennen ist und nicht fälschlicherweise für einen überdrehten Schreibstil gehalten wird.

Die Schreiberei ist ein einziges Spiel mit dem Feuer. Du kannst die Nacht damit zum Leuchten bringen oder dir die Finger verbrennen. Genieße das Spiel, aber nimm es nicht zu ernst - und dich selbst schon mal gar nicht. Wenn du schreibst, bist du für die meisten sowieso eine Witzfigur. Ganz im Ernst: Wer erkennt die Schreiberei schon als Arbeit an, wenn der Schreiber nicht bereits Weltruhm erlangt hat? Trotzdem muss das Spiel überzeugend sein. Es ist ein bisschen wie Poker mit Fremden. Du musst bluffen, weil du die schlechtesten Karten überhaupt bekommen hast. Und der Bluff muss perfekt sein - so überzeugend, dass deine Gegner dir glauben.

Wenn du Bücher von anderen Autoren liest, wirst du oft denken, dass du niemals auf so einem Niveau schreiben wirst. Und das ist vollkommen okay. Das wirst du nämlich wirklich nicht. Wenn du abkupfern willst, lässt du das Schreiben lieber ganz sein. Du kannst dich von Schreibstilen natürlich inspirieren lassen, aber zieh dein eigenes Ding durch. Der Schreibstil kann so vielfältig und variantenreich sein wie die Schreiber selbst - und genauso individuell.

Wenn das einzige, was du kannst, Feuerspucken ist - tu es! Aber tu es auf eine Weise, als wäre es das Komplizierteste der Welt, als hättest du es just in diesem Augenblick erfunden. Ignoriere, dass es diese Kunst schon seit dem Mittelalter gibt. Lass die Zuschauer jede einzelne Flammenzunge sehen, lass sie den Rauch in ihrer Lunge kratzen spüren, zeig ihnen, welche Macht das Feuer im Dunkeln hat: Hitze, die die Haut versengt, und Farbringe, die noch für Stunden nachglühen. Sie alle werden dir glauben, dass der einfache Feuerstrahl das Wichtigste im Universum ist, weil sie selbst nicht Feuerspucken können!

Das heißt für dich als Autor: Die meisten haben selbst noch nie geschrieben. Und das ist dein größter Vorteil!

Die wenigsten Leser interessieren sich dafür, was die Geschichte lebendig macht. Sie wollen sie nur atmen hören, wenn sie sich auf schwarzen Buchstaben in unbekannte Gefilde wagen. Es ist an dir, den Rhythmus vorzugeben.

Wie soll nun deine Geschichte atmen? Soll es der heisere, keuchende Atem eines Kettenrauchers sein, der mit sechzig kaum mehr drei Meter laufen kann, weil er sich dann die Seele aus dem Leib husten muss? Soll es der Atem eines Kindes sein, das schon seit Stunden mit seinen Freunden Fangen spielt? Oder soll es vielleicht der stille Atem des gesichtslosen Wanderers sein, der jede Nacht über die Bahngleise wandelt und auf einen verspäteten Zug zu warten scheint? Du kannst den Atem eines Krebspatienten nehmen, dessen Lungenflügel sich langsam mit Wasser füllen, wenn du dem Leser zeigen willst, wie ernst und aussichtslos die Situation in deiner Geschichte ist. Du kannst den Atem eines Neugeborenen nehmen: leicht, unschuldig und unberührt von den Gefahren der Welt, wenn du den Leser für ein paar Stunden in rosa Zuckerwatte packen willst, um ihm eine Pause zu gönnen. Oder Du entscheidest dich bewusst für die Abwesenheit des Atems, malst eine schweigende Hoffnungslosigkeit unter die Worte und deine Leser werden für den Rest des Tages in die Stille lauschen. Das allerdings ist nichts für Schreibanfänger. Denn die Abwesenheit eines Atems ist nicht gleichbedeutend damit, keinen Atem zu benutzen.

Unser Atem hat darüber hinaus sehr viel mit der Wirkung auf Fremde zu tun. Nicht ohne Grund putzen wir uns die Zähne und haben eine Schwäche für Kaugummi oder Pfefferminzbonbons. Es geht also stets um die gewünschte Wirkung.

Kommen wir nun zur Handlung. Definiert ist sie als Abfolge von zusammenhängenden, miteinander verketteten Ereignissen oder Vorgängen, die das dramatische Gerüst einer Geschichte bilden. Sie ist, grob gesagt, das Abenteuer, das der Leser, der Schreiber und die Charaktere gemeinsam erleben, das unbekannte Etwas, das jeden Leser reizt, wenn er sich in ein anderes Leben, eine andere Welt oder gleich ein anderes Universum stürzen will. Auch hier gilt es, das Gleichgewicht zu halten. Natürlich wollen die Leser etwas Neues, etwas Fremdes, sie erwarten es sogar, aber du darfst dabei nicht alle Ordnungen dieser Welt über den Haufen werfen. Dann kommen die Leser nicht mehr mit, verstehen nicht mehr, was du ihnen sagen willst. Es ist wichtig, Kleinigkeiten beizubehalten, Parallelen zu schaffen, die die Leser miteinander vergleichen können.

Also: Warum soll die Fee nicht auch eine Haarbürste benutzen? Warum soll der Zwerg nicht seinen Job verloren haben, weil er ein paar Mal zu oft mit seinen Freunden gezecht hat und am Morgen nicht aus dem Bett gekommen ist? Warum sollte das Wunderkind nicht Angst vor der Dunkelheit haben? Die Leser werden sich mit diesen Problemen identifizieren oder andere damit in Verbindung bringen. Sie werden sich angesprochen und mitgenommen fühlen. Ein Frosch, der am Weiher Opern singt, statt zu quaken, weil er überzeugt davon ist, dass die Zauberflöte das beste Wiegenlied für Kaulquappen ist, bringt deine Leser zum Schmunzeln, weil es absurd und surreal ist, aber in einer Umgebung spielt, die sie kennen. Und klingt das Quaken der Frösche manchmal nicht wirklich wie eine verhunzte Arie?

Dann finde etwas, das jeder Leser sich wünschen würde: einen Föhn, der dich nicht schwitzen lässt, wenn du vergessen hast, das Fenster zu öffnen, ein Bügeleisen, das selbst bügelt oder ein Zauberspruch, der alle Wunden heilt, wenn der Verletzte es verdient, geheilt zu werden.

Es gibt unendlich viele Möglichkeiten, deine Leser mit solchen Kleinigkeiten zu erfreuen, über die sie dann noch nach einer Woche nachdenken werden und sich fragen, ob es so etwas jemals geben wird.

Lass deine Charaktere Dinge erleben, die jedem irgendwie passieren. Das verbindet. Denn der Leser beginnt mitzufühlen. Darauf solltest du beim Schreiben viel Wert legen.

Vielleicht verbrüht sich deine Hauptfigur am Dampf des Wasserkochers, während sie sich einen Tee aufbrühen will. Vielleicht verlegt sie ihre Brille und rennt stundenlang wie ein Maulwurf gegen die Türen. Vielleicht ist sie ja auch wieder einmal in einen Hundehaufen getreten. Natürlich können ihr auch nette Dinge passieren. Vielleicht lächelt die Kassiererin sie an und macht den furchtbaren Arbeitstag wett, weil sie bemerkt, dass sie ein Lächeln braucht. Vielleicht zieht sie seine Schwester gerade noch rechtzeitig von der Straße, als sie wieder einmal in Gedanken gewesen ist, vielleicht bringt der Mann dem Obdachlosen ein belegtes Brot vorbei. Vielleicht schenkt das Kind seinen Eltern einen bunten Papierschmetterling, den es in der Schule gebastelt hat. Das sind die kleinen Dinge, die passieren können. Aber natürlich kannst du auch einen Helden mit Armee und Freunden und singender Klinge zeichnen. Aber vergiss nicht, dass Heldengeschichten erst dann spannend werden, wenn selbst der Held trotz aller Anstrengung ab und an versagt, jemanden verliert, der ihm wichtig ist, oder hintergangen wird. Lass deine Charaktere stets zwei Schritte nach vorne und einen zurück machen. Baue Verrat ein, Mord, Liebe und Freundschaft oder Leid, Armut, Arroganz, Erzfeinde, gute Menschen, Schlachten, Einsamkeit. Das sind Themen, die nicht langweilig werden, weil sie einfach zum Leben gehören. Und du willst ja lebendige Texte schreiben!

Die Charaktere sind das Bindeglied zwischen Geschichte und Leser. Das heißt: Sollten die Charaktere langweilig sein, bringt es nichts, wenn sie ihrer Geschichte eine Atemstruktur gegeben haben. Die Leser wollen wissen: Wie benimmt sich die Figur, wie sieht sie aus, wie spricht sie und was ist das für eine selten hässliche Brille?

Was macht einen Charakter jetzt interessant? Wieder sind es die Kleinigkeiten. Sicher, du brauchst einen Grundcharakterzug, auf dem du aufbauen kannst. Ist er überdreht fröhlich, depressiv, traumatisiert oder hat er Aufmerksamkeitsdefizite? Ein Charakterzug allein macht allerdings nicht interessant. Es sind die kleinen Gesten, die sich immer wiederholen, Angewohnheiten, die verrückt oder einfach typisch menschlich sind. Der Charakter ist eine Aneinanderreihung von Kleinigkeiten, von Gesten und Bemerkungen, von Ticks und Tricks, die sich ab und an wiederholen.

Du kannst nicht sagen: »Er war ein von Grund auf guter Mensch.« Das glaubt dir keiner! Du musst es erklären, zeigen, beweisen. Sonst bleibt es nichts als eine Behauptung. Warum also isst deine weibliche Hauptrolle immer Essiggurken, wenn sie nachts nicht schlafen kann? Warum hat er sich die Haare rot gefärbt, kann Pumuckl aber nicht leiden? Und warum kratzt er sich immer an der Nase, wenn er nachdenkt? Auch die immer gleichen Button-down-Hemden geben dem etwas verpeilten Matheprofessor gleich einen ganz anderen Charakterzug, genauso wie die Kaugummis, die er während des Unterrichts immer kaut.

Irgendwann werden die Leser nach dem Warum fragen; das ist das Ziel. Warum raucht er im Zug, obwohl es verboten ist? Bemerkt er die bösen Blicke nicht? Tut er es, weil ihn sowieso nie jemand darauf anspricht, oder hofft er heimlich auf ein kleines bisschen Aufmerksamkeit? Wenn er aussteigt und auf dem Bahngleis stehen bleibt - wartet er auf den nächsten Zug, um zu springen, oder auf seine Schwester, die die lange Zugfahrt auf sich genommen hat, um ihn nach zwei Jahren wiederzusehen? Wäre sie stolz auf ihn, wenn sie sehen könnte, wie er extra für sie die Zigarette ausdrückt, während er wartet, oder würde sie zornig werden, weil er sich das Rauchen noch immer nicht abgewöhnt hat? Du musst in deiner Geschichte nicht auf all diese Fragen antworten. Lass genügend kleine Frage offen, um deinen Charakteren etwas Geheimnisvolles zu geben.

Natürlich ist es auch wichtig festzulegen, was genau die Charaktere können. Sind sie gut im Rechnen? Haben sie eine Leseschwäche? Sind sie Genies, können dafür aber nicht mit Gefühlen umgehen?

Und: Stelle niemanden als vollkommen dar. Denn kein Mensch ist vollkommen! Jeder hat seine Fehler. Lass deine Charaktere lernen, lass sie leben, lass sie lieben, hassen, verzeihen, zusammenbrechen und wieder aufstehen. Lass sie einen Preis für ihr Können bezahlen - und ist es nur das Lächeln, das jeden Tag ein wenig gezwungener wirkt. Lass sie einen Weg gehen, dem der Leser folgen kann, den er mit deinen Charakteren zusammen *er*leben und *durch*leben kann. Das verbindet, das macht aus Druckerschwärze und Papier Dimensionen, die man nicht berechnen kann.

Kommen wir zum Schreibstil, der die Vielfalt und Tiefe der Charaktere und Handlungen zu einem großen Teil bestimmt. Man könnte sagen, dass der Schreibstil wie der Verschluss einer Kette ist: Ist die Kette zu eng, erstickt der Leser samt Geschichte; außer es gibt einen Verschluss, der sich ein wenig erweitern lässt.

Sprich: Im Notfall kannst du deine Geschichte mit dem Stil retten. Schreibst du eher humoristisch, wird man dem Charakter natürlich schwerlich eine Depression abnehmen. Verwendest du düstere Bilder und Vergleiche, ist das natürlich etwas anderes. Irgendwann hast du deinen eigenen Schreibrhythmus gefunden und deinen eigenen Stil, was aber nicht heißt, dass dieser eine Konstante ist. Du kannst den Ton der Geschichte jederzeit ändern und dir gleichzeitig treu bleiben. Schließlich kannst auch du wütend, traurig, fröhlich oder apathisch sein, ohne deinen Charakter zu verändern.

Achte also darauf, nicht nur zu *be*schreiben. Leser wollen die Situation nicht erklärt bekommen, sie wollen sie sehen, zwischen den Zeilen lesen und sich selbst ausmalen, wie diese Welt gestaltet sein könnte. Also schreib nicht über das Grauen der Schlacht, die Verwüstung, die brennenden Häuser und die verwüsteten Felder. Das interessiert nicht, das ist nun mal Alltag in den Nachrichten. Schreib stattdessen von dem kleinen Kind, das mit seiner Puppe im Ascheregen steht. Schreib von der kleinen Hand, die aus einem Trümmerhaufen schaut, von der Stille, die über dem alten Festplatz hängt. Mach aus den kleinen Sachen die großen Gefühle, indem du den Leser so viel Grauen, Entsetzen oder was auch immer dazu erfinden lässt, wie er verkraften kann. Du musst nur den Anstoß geben. Genauso ist es mit den fröhlichen Dingen. Du musst nicht die ganze Welt mit Schleifen schmücken, um zu erzählen, dass der Held nach jahrelanger Suche wieder eine Arbeit gefunden hat oder endlich sein Geld bekommt, damit er auch am Ende des Monat noch Brot kaufen kann. Eine Hochzeit braucht ebenfalls keinen Glockenorkan, sondern lediglich ein breites Lächeln, funkelnde Augen und einen schmalen Ring, in dem sich die Sonne fängt.

Reduziere aufs Essenzielle, aber vergiss trotzdem nicht, dass Leser Details mögen. Du darfst durchaus beschreiben, wie jemand die nasse Straße hinunterläuft, wie das glitschige Herbstlaub seine Schritte schmatzen lassen und wie der Regen langsam seine Haare lockt. Nur darfst du das nicht auf jeder zweiten Seite tun, dann wird es langweilig. Mach es stets spannend, mach die Handlung dicht, gleichmäßig und bunt wie selbstgestrickte Ringelsocken. Wenn die Maschen zu groß sind, will niemand den

Strumpf tragen, weil er die Wärme, die er verspricht, nicht halten kann. Sind sie zu eng, ist der Strumpf indes einfach nur hässlich.

Bleib immer bei deiner Handlung, schweif nicht ab, aber gönne deinen Charakteren und Lesern hin und wieder eine Handlungspause und ein tiefsinniges Gespräch über einem heißen Kaffee. Dein Stil ist ein Angebot an deinen Leser, den er akzeptiert oder ablehnt. Mit ihm kannst du ausdrücken, was deine Charaktere nicht in Worte fassen können.

Die lebendigsten Bücher sind die, die ein Stückchen Wahrheit des Autors atmen. Nicht umsonst sind es die Bücher, mit denen man sich identifizieren kann, die am liebsten gelesen werden. Wenn der Autor von Problemen schreibt, scheint es in Ordnung zu sein, Probleme zu haben. Zumindest fühlt man sich mit seinen Problemen nicht mehr alleine gelassen.

Viele Autoren beginnen zu schreiben, weil sie Probleme haben, meist psychische. Und wirklich jeder Mensch hat Probleme. Wenn du deine Probleme in einen Atem fasst, der nicht nach einem Asthma klingt, werden deine Probleme verstanden werden.

Hast du deine Geschichte zu Ende erzählt, lies sie noch einmal durch, bevor du sie irgendjemandem zeigst, insbesondere bevor du sie den Lesern anvertraust. Setz dich hin und lies sie durch, atme deine Geschichte. Versuche, die Zeit zu atmen, von der du erzählst.

Wenn du deine Verfolgungsjagd liest - wird dein Atem schneller? Stockt er? Fühlst du dich, als würdest du selbst mit deinen Charakteren um Atem ringen? Vergisst du beinahe zu atmen, wenn du zusammen mit ihnen die Luft anhältst? Entspannst du dich, wenn sie ein Wiegenlied singen? Passt die Satzlänge zu dem, was du erzählen willst? Sie ist eines der wichtigsten Gestaltungselemente.

Wenn du deinen Text liest und die Ereignisse in der Geschichte deinen Atem beeinflussen, hast du die erste Etappe geschafft und du kannst deine Geschichte mit gutem Gewissen aus der Hand geben. Danach kannst du nur noch hoffen, dass sich auch deine Leser aufs Atmen verstehen. Ein kleines bisschen Glück gehört eben auch zum Schreiben.

Das Beste fällt mir immer erst über dem Schreiben ein.
Gottfried Keller

Grundvoraussetzungen für lesenswertes Schreiben

Barbara Braun

Das L wie Literatur und wie Lesen, Lernen, Liebe – das sind die Zutaten für das Gericht namens Gute Literatur, für edles Wortkonfekt!

Aber auch, wenn es mir so scheint, als sei damit schon alles gesagt, ist es doch von Interesse, sich der Fragestellung »Wie entsteht Wortkonfekt?« noch ausführlicher zu widmen, sich ihr zu nähern von vielen Seiten. Denn das ist sie wert, die Literatur! Sie ist ein Multitalent, Multitasking einmal ganz anders. Denn was sich allein hinter den drei Literaturgattungen Epik, Lyrik, Dramatik und dem neueren Begriff des Genres versammelt, zeugt von einer beeindruckenden und beneidenswerten Fülle, ja Diversität. Um das auch einmal sichtbar zu machen und bunt durcheinander zu würfeln: Krimi, Fantasy, Horror, Science-Fiction, Humor, Erotik, Sachbücher, (Auto-)Biografien, Roman, Tragödie, Erzählung, Märchen, Kurzgeschichte, Komödie, Novelle … Und es gibt Literatur für Erwachsene, genau wie für Kinder sowie auch Jugendbücher, dazu sogar noch die Unterscheidung Mädchenbücher und Jungenbücher, und mittlerweile gibt es nicht nur Bücher zum Lesen, sondern auch zum Hören, also die beliebten Hörbücher.

Und in diesen ganzen Formen, in diesen vielen Daseinsformen der Literatur, in ihnen steckt überall ein wichtiges Detail, da finden Frau und Herr Leser noch mehr, da liegen Geheimnisse! Literatur – sie ist so wichtig für jeden einzelnen Leser, für alle Menschen, für die Gesellschaft, überall, sie kann so vieles verändern. Sie kann praktisch alles: Sie kann heilen, helfen, aufbauen, Mut machen, erklären, aufklären, verdeutlichen, versachlichen, vermischen und trennen, bezeugen, veredeln, in fremde Welten entführen, bekannte Welten erklären, die eigene Welt näherbringen, Kraft geben, die Augen öffnen, den Weg verändern, den Weg zementieren.

Hach, ich könnte ewig so weiterschreiben, aber ich bringe mich zum Thema zurück: Das finden wir alles, wenn Literatur entstanden ist, wenn es so weit gekommen ist. Aber wie kommt es nun dazu? Wie kommt es zum Lesegenuss, zu wunderbarsten Formulierungen, zu lebensverändernden Wirkungen?

Gibt es Grundvoraussetzungen? Ja, die gibt es. Und nein, die Grundvoraussetzungen sind nicht der Pulitzer-Preis oder der Gewinn des Deutschen Buchpreises. O nein, es fängt ganz klein an, bei den Kleinsten! Nein, nicht bei den kleinen Buchstaben der Groß- und Kleinschreibung oder der kleinsten Schriftgröße, es fängt an bei den Kindern, den Erstlesern, und da finden wir eine der Grundvoraussetzungen für gute Literatur: Lesenlernen! Das ist die Basis. Lesenlernen ist Bildung, und Lesenkönnen führt zur Bildung. Es gehört zusammen wie Yin und Yang, Sonne und Mond, Tag und Nacht.

In der Grundschule und schon in der Kita wurde und wird Lesen gelehrt, dort muss es auch unbedingt gelernt werden. Natürlich, oft lernen Kinder auch zu Hause mit den Eltern schon ein wenig lesen und schreiben oder von den älteren Geschwistern.

Vor dem Lesenlernen gibt es noch eine Vorstufe, das Vorlesen: Märchen, kleine Gutenachtgeschichten aus Bilderbüchern, Fühlbüchern, Stoffbüchern oder Büchern mit Geräuschen, mit großen Schriften, kindgerecht; wir haben so ein Glück, wir haben das alles! All das oder zumindest ein Teil davon führt zum sicheren Lesen.

Und noch einmal: Lesen zu lernen, ist der Schlüssel. Es ist der erste und wichtigste Schritt und gilt nicht nur für Deutschland, für Europa, sondern für die ganze Welt und natürlich für Mädchen und Jungen. So wird eine Grundvoraussetzung erfüllt für Bildung und gute Literatur zugleich. Eine wichtige weitere Grundvoraussetzung sind gute Lehrkräfte. Lehrerinnen und Lehrer, die motivieren, die fördern und nicht nur fordern oder überfordern, die die Wichtigkeit des Lesenlernens erkennen und sich dieser Verantwortung bewusst sind. Pädagogen, keine

Angstmacher oder solche, die negative Konkurrenz unter den Schülern zulassen.

Dann, nach dem Lesenlernen: Schreibenlernen, was natürlich zusammengehört. Aber ich habe es hier noch einmal getrennt aufführen wollen: das Schreibenlernen - die Buchstaben, Sätze, es folgen zusammenhängende Texte, dann aber auch lernen, Texte zu schreiben mit eigenen Formulierungen, Gedanken; das ist wichtig, auch unabhängig von den Hausaufgaben gerne schreiben zu wollen. Die Hand und der Kopf müssen den Stift mögen, ja, lieben lernen. Lesen und Schreiben als Selbstverständlichkeit sehen können, nicht als unerreichbar, extravagant oder gar minderwertig im Vergleich mit anderen Künsten.

Lesen und Schreiben darf für kein Kind ein Fremdwort sein, eine Hürde, unerreichbar, die es ausschließt von allem. Auch Menschen mit Lese-Rechtschreib-Schwäche dürfen nicht vergessen werden, ebenso wenig die oft geradezu unsichtbaren Analphabeten, meist Erwachsene, Muttersprachler, auch hier bei uns in Deutschland. Auch sie müssen mit dabei sein, müssen mitgenommen werden auf den Lesen- und Schreiben-Zug, müssen angespornt, begeistert, dürfen nicht ausgeschlossen werden.

Vom Lesenkönnen geht es dann weiter zum Lesen als Hobby und zum Texteschreiben als Hobby und Kunst. Viel zu lesen und selbst schreiben zu wollen, sollte dabei niemals als extravagante Kunst gelten, genauso wenig als unwichtige, minderwertige Beschäftigung, die durch Bemerkungen wie »Das ist doch brotlose Kunst!« oder »Es gibt doch eh schon genug Bücher!« entwertet wird.

Lesen und Schreiben auf jedem Niveau muss stets gefördert und darf nicht belächelt werden. Kinder und Erwachsene sollen sich darin ausprobieren können und dürfen wie beim Sport oder mit Musik.

Haben Kinder und Erwachsene alle Grundvoraussetzung dafür, gut zu lesen und zu schreiben, führt dieses Können immer mehr dazu, gute Texte von schlechten unterscheiden zu können. Denn Literatur kann und darf alles. Und in dieses Alles muss auch Negatives einbezogen werden.

Deshalb muss ich hier ein großes »Vorsicht!« ausrufen. Ja, Literatur kann helfen, Mut machen, zum Lachen und zum Weinen bringen. Sie kann informieren, berühren, aber eben auch verführen, irreführen, manipulieren und einen ratlos zurücklassen, wenn nichts Gutes herüberkommt beim Lesen oder sie die Leser in die falsche Richtung lenkt, auf einen falschen Weg, auf die falsche Fährte. Manipulationen sollen möglichst erkannt und ignoriert werden. Hier kommt es erneut auf Übung an, möglichst viel zu lesen, wenn Lesen gelernt worden ist. Da stellt sich dann auch die Frage: Schützt eine hohe Lesedosis vor Irreführung? Kommt es auch bei Literatur auf die Dosis an? Viel hilft viel? Jein - viel zu lesen ist gut, ist hervorragend, viel zu schreiben noch mehr, will man selbst Literatur erzeugen. Beim Lernen soll die Dosis also ruhig hoch sein. Ja, sie kann gar nicht hoch genug sein!

Dennoch bleibt die Gefahr, die in der Literatur liegen kann, ebenfalls hoch und bedeutsam in den Folgen, ist aber eventuell kaum im Text selbst zu finden. Manchmal reichen Anführungszeichen an »falscher« Stelle, die ein Wort plötzlich betonen, ein einzelnes Wort kann einen Text in eine bestimmte Richtung drängen, ihn verfärben, kann wie eine Bombe zünden. Drei Pünktchen am Ende einer Aussage zeigen an, dass mehr oder anderes gemeint sein könnte, als gesagt ist …

Generell gilt: Was übermäßig betont wird, kann verdächtig sein. Aber auch und insbesondere, was verschwiegen wird und nicht erkannt werden soll, ist ein Problem.

Grundvoraussetzung für gute Literatur nach Lesen- und Schreibenlernen ist es also, viel von beidem Gebrauch zu machen. Lesen, lesen, lesen; schreiben, schreiben, schreiben!

Gute Texte entstehen später eben auch dadurch, dass Leser die Qualität erkennen, sie in der Lage für eine richtige Beurteilung sind. Leser müssen gebildet sein, lesegebildet, sprachgebildet, auch eine Fremdsprachenbildung ist von Vorteil. Mehrsprachigkeit führt gleichfalls zur Sprachkompetenz in den jeweiligen Sprachen und ist immer ein Gewinn für gute, weise, menschliche, kulturbewusste Texte. Denn das Interesse hört ja nicht bei der Sprache auf, sondern geht weiter zu den Menschen und ihrer Kultur, worüber dann wieder gut und wissend geschrieben werden kann.

Sprachen erweitern immer den Lese- und Schreibhorizont. Durch sie kann sich aus dem Lesen das wundervolle, detailverliebte, bewegende Schreiben von Autoren entwickeln. Aus gebildeten Lesern werden somit noch gebildetere Schreiber.

Autoren, die später gute Texte schreiben wollen, müssen sich demnach darüber bewusst sein, dass sie Verantwortung tragen - journalistisch, ethisch, moralisch - und damit umgehen können, gezielt, bewusst und selbstkritisch. Denn Bücher können die Gesellschaft verändern.

Hierher gehört auch die Möglichkeit, in unglaublich vielen Sprachen und Dialekten dieser Welt, in Muttersprachen, Zweitsprachen, Minderheitensprachen, sogar in Gebärdensprachen und der Blindenschrift Braille sprechen, denken und schreiben oder sich über Videoaufnahmen aufnehmen zu dürfen. Jede Literatur in jeder Sprache ist es wert, ist wertvoll, hat Wert und Werte, wird zum Werk.

Die eigene Muttersprache zu sprechen, in ihr zu schreiben und zu veröffentlichen, ist indes nicht in allen Ländern der Welt erlaubt, sondern ist ganz im Gegenteil oft verboten und wird sogar verfolgt. Das Verbot von Sprachen kann in der Folge sogar zum Sprachentod führen. Der Schutz von Minderheiten und ihrer Sprachen hingegen führt nicht zur Gefährdung der Mehrheit und der Mehrheitssprache, sondern zu Sprachen-, Kultur- und Literaturreichtum und späterem Lese-Glück für alle.

Wir brauchen wertvolle Literatur, die den Blick voller Menschlichkeit und Schreibempathie nach vorne richtet, auf eine Zukunft mit lesenswerter, liebenswerter und Lebenswerte fördernder Literatur.

Schreiben ist leicht. Man muss nur die falschen Wörter weglassen.
Mark Twain

Wem nicht jeder Satz, den er schreibt, der wichtigste ist,
soll das Schreiben lassen.

Wilhelm Raabe

Die Essenz der Literatur

Jona Baykouchev

Was ist Literatur? Was bedeutet es zu lesen? Was bedeutet es zu schreiben? Die Antwort auf diese Fragen speist ihre Schönheit aus ihrer wunderbaren Vielschichtigkeit.

Zunächst sollten wir uns der Frage widmen, warum wir überhaupt lesen. Wozu greifen wir nach einem Buch, schlagen es auf, atmen den Geruch des Papiers ein wie den Duft einer süßen Rose und verwenden so viel Zeit auf die Lektüre von Geschichten?

Natürlich spielt der offensichtliche Aspekt der Unterhaltung eine Rolle. Geschichten entführen uns in eine andere Welt. Beim Lesen werden wir abgeholt, ganz langsam, und mitgenommen an einen Ort, an dem alles möglich ist. Natürlich folgt jede gute Geschichte ihren eigenen Regeln und hat ihr eigenes System, an das sie sich hält. Andernfalls wäre sie eine bloße Aneinanderreihung von Zufällen und Sinnlosigkeiten. Aber das Großartige ist doch, dass dieses System vollkommen frei gestaltet werden darf. Es kann alles sein, was Sie mögen. Sie können sich eine Welt schaffen, die aussehen kann, wie Sie es möchten. Diese Welt können Sie sich selbst gestalten oder Sie treten in eine Welt ein, die jemand für Sie geschaffen hat. Doch selbst dann werden Sie sie zu ihrer eigenen Welt machen. Denn jede Geschichte, ob Sie sie sich ausgedacht haben oder jemand anderes, wird zu Ihrer eigenen, wenn Sie sich mit ihr befassen. Was Ihre Vorstellungskraft aus der Geschichte macht, ist einzigartig und nur Sie können das. Denn aus Worten können Bilder entstehen und diesen wunderbaren Prozess durchläuft jeder für sich selbst.

Nehmen wir nun an, Sie haben diese Welt von magischer Natur betreten. Was geschieht nun? Ganz gleich in welchen Ort Sie mittels Ihrer Fantasie eintreten, Sie verlassen jedes Mal ein und denselben Ort, wenn Sie sich vollkommen auf die Geschichte einlassen: Ihre Realität. Literatur kann ein Zufluchtsort sein. Vielleicht möchten Sie Ihrem Umfeld entkommen, dem Stress des Alltags, dessen Griff manchmal erdrückend erscheint. Vielleicht gibt es auch nichts Konkretes, vor dem Sie flüchten. Vielleicht möchten Sie einfach in Ruhe dem Verlauf der Geschichte folgen und dabei immer tiefer in sie versinken wie ein Stein unter Wasser.

Was ist es denn, was uns an Geschichten so sehr fasziniert? Neben dem bereits genannten Vorzug, dass Sie eine Welt der unbegrenzten Möglichkeiten betreten, ist es nicht nur die Handlung, die eine Geschichte mit sich bringt. Auch oder vor allem die Figuren bieten, wenn Sie authentisch gezeichnet sind, eine Schatzkiste voller Identifikationspotenzial. Was gefällt Ihnen an dem Protagonisten, was nicht? Können Sie seine Gefühle in der Situation, in der er steckt, nachvollziehen? Natürlich können Sie das, wenn Sie Empathie haben. Und wenn Sie keine haben, dann wird Literatur Ihre Empathie schulen. Mehr und mehr werden Sie lernen, sich in die Figuren hineinzuversetzen und Einfühlungsvermögen zu entwickeln. Vielleicht mögen Sie eine bestimmte Figur. Nehmen wir an, Sie mögen sie. Sie kennen das Ziel dieser Figur und je mehr Sie sie kennenlernen, desto größer wird auch in Ihnen der Wunsch, dass sie dieses Ziel erreicht. Auf einmal werden Feinde dieser Figur zu Ihren Feinden und Freunde zu Ihren Freunden. Erfolge freuen Sie ebenso sehr, wie Sie Rückschläge bedrücken – und das, obwohl das Schicksal, das sie dort verfolgen, doch gar nicht Ihr eigenes ist. Aber es fühlt sich auf einmal so an, nicht wahr?

Genau darum geht es: um Gefühle. Denn wenn Worte Bilder erzeugen können, dann ist es die Aufgabe der Bilder, Emotionen zu erzeugen. Die reale Welt, unser Alltag, ist doch so reizüberflutet. Fakten sind nicht das, was uns erfüllt. Und doch sind wir jeden Tag von ihnen umgeben. Literatur führt uns an die Dinge heran, die unser wahres Wesen betreffen. Sie kann bodenständig sein und uns unsere wahre Natur aufzeigen. Wenn der Überfluss der Realität gänzlich verschwindet, ist alles, was bleibt, das Fundament. Unser Fundament!

Heute hat so vieles an Bedeutung gewonnen und wir haben zu oft das Wichtigste aus den Augen verloren. Denn alles, was wir wirklich je hatten und je haben werden, sind doch wir selbst. Geschichten können uns dabei helfen, das wieder zu erkennen und die Liste der Prioritäten neu zu ordnen.

Je größer der Überfluss an Dingen, die auf uns einströmen, in unserem Alltag ist, desto weiter entfernen wir uns von uns selbst. Ein roter Faden ist häufig kaum noch zu erkennen. Die Aufmerksamkeit reicht nicht mehr, um ihm zu folgen. So wird die Geschwindigkeit von allem erhöht, damit es so kurzweilig wie möglich ist. Die ausdauernde Konzentration auf eine Sache geht dabei verloren. Einer Geschichte zu folgen, bringt uns diese Fähigkeit zurück. Heute ist die Überflutung unserer modernen Gesellschaft so groß wie nie. Damit ist die Bedeutung von Kunst nie größer gewesen. Eine Geschichte kann dagegen so einfach sein: eine Figur, ein Schicksal. Es kann alles sein, was wir in einem bestimmten Moment brauchen. Literatur ist zeitlos und hat zugleich einen enormen Einfluss auf die Gegenwart unserer Zeit.

Denn was scheinbar eine Flucht, ein Entfernen von der realen Welt ist – das Eintauchen in eine Geschichte –, hat tatsächlich eine unfassbare Nähe zur Realität. Denn bei einer guten Geschichte ist der Leser, der das Buch aufgeschlagen hat, nicht mehr derselbe, wenn er es wieder zuschlägt. Die Fiktion hat Einfluss auf die Realität. Wer sich mit einer Figur identifiziert hat, ihre Hoffnungen und Wünsche genau wie ihre Ängste und Befürchtungen nachvollzogen hat, hat seine Empathie auch für den Alltag gerüstet. Geschichten trainieren unsere Beobachtungsgabe, machen uns offen und neugierig, sodass wir schließlich auch im echten Leben aufmerksamer sind. Wir verstehen unsere Mitmenschen besser, können ihre Gefühle nachvollziehen und wir handeln dementsprechend. Wir erkennen, wie es jemandem geht, wenn wir ihn verstehen. Wir interessieren uns mehr für unsere Mitmenschen und sind offen für Neues. Denn genau das macht Literatur doch aus: die Entdeckung von Neuem, Buch für Buch, Zeile für Zeile, Wort für Wort. Wir lernen, einander zu verstehen, wenn wir lesen. Wir begegnen dem Fremden und sind ihm gegenüber nicht verschlossen. Literatur bringt uns gegenseitig näher und führt uns zueinander. Sie fördert unsere Toleranz und unsere Aufgeschlossenheit.

Die Erfahrungen, die die Figuren in den Geschichten machen, sind Erfahrungen, die wir miterleben, ohne sie selbst durchleben zu müssen. Lebenserfahrungen sind immer Dinge, aus denen man lernt. Wenn unser Held von einem großen Abenteuer zurückkehrt, das so prägend gewesen ist, dass es ihn und sein Leben verändert hat, lernen wir mit ihm für unser eigenes Leben. Auch wir werden nicht mehr sein, wer wir gewesen sind, bevor wir das Schicksal kennengelernt haben. Viele Schicksale begegnen uns in der Literatur und wir lernen aus ihnen. Je authentischer die Figuren, desto größer ist dieser Effekt. So kann das Beschäftigen mit der Fiktion auch als eine Art Simulation der Realität verstanden werden. Wir erleben Dinge mit, das Schicksal der Figuren, und brauchen dafür nur unsere Fantasie und unsere Aufmerksamkeit. Wir können etwas scheinbar Reales fiktiv erleben. Dieser Prozess kann eine ungemein bereinigende Wirkung haben. Wir können uns von unseren bedrückenden Gefühlen befreien. Die Literatur ist dabei auch ein Ventil.

Genau deshalb liegt die Essenz von guter Literatur in ihrer Authentizität. Nur etwas, das uns real vorkommt, kann in der Realität einen Nutzen haben. Eine Figur, die unglaubwürdig ist, wird uns nicht emotional packen. Wir werden uns nicht mir ihr identifizieren und schließlich verliert die gesamte Geschichte ihre Grundlage. Wer schreiben will, der muss zunächst einmal leben. Er muss aufmerksam sein, die Realität beobachten, um sich überhaupt seine eigene fiktive, authentische Realität schaffen zu können. Wollen wir aus der Literatur lernen - egal in welchem Genre -, muss sie uns Authentizität liefern. Wir müssen den Figuren glauben, was sie erzählen, es nicht nur aufnehmen, sondern es spüren. Gute Literatur muss in der Lage dazu sein.

Denn nur dann kann sie ihren Zweck erfüllen: Menschen zueinander führen, sie einfühlsam machen und die menschliche Natur, die in einer reizüberfluteten Gesellschaft leider viel zu häufig verkommen ist, wieder hervorbringen. Dafür lesen wir und dafür wird geschrieben.

Alle Dichter und Schriftsteller, welche in den Superlativ verliebt sind, wollen mehr, als sie können.

Friedrich Nietzsche

Im Fluss schreiben

Dr. Gwendolin Simper

Gute Texte sind wie eine Eingebung. Eine Idee, eine Atmosphäre, ein Gefühl - und schon geht es los. Es saugt dich ein, nimmt sich ganz in sich auf, bis du nur noch ein Instrument bist, um die Buchstaben auf Papier zu bringen, in den PC oder wohin auch immer. Du schreibst auf jeden Fall und du existierst nur noch durch dieses Schreiben; in den kurzen Lücken zwischendurch, wenn du denkst oder nach den passenden Worten suchst, ist alles in Ordnung. Die Magie trägt dich.

Aber wehe, die Unterbrechung wird zu groß. Wehe, du wirst abgelenkt durch die Kinder oder eine Unterhaltung oder etwas anderes, was nach deiner vollen Konzentration und Aufmerksamkeit verlangt. Wehe, du lässt dich darauf ein. Dann ist das Seil gerissen, auf dem du eben noch über dem Abgrund balanciert bist, deine Kunststücke vorgeführt hast, dann ist es vorbei. Du musst erst wieder reinkommen, dich auf deine Worte einlassen, auch wenn sie sich nicht anfühlen, als würden sie von dir stammen; die Buchstaben purzeln einzeln und kläglich, du musst dich erst wieder einfühlen, in den Fluss finden.

Dann aber sprudeln sie wieder aus dir heraus, die Worte, die Ideen, du kannst wieder schreiben, du gehst ganz in deiner Geschichte auf oder vielleicht löst du dich auch in ihr auf. Denn wo bist du in dem Moment? Es ist vollkommen egal, wo du bist, was du bist, wer du bist, wenn du schreibst. Vielleicht isst du etwas, mit fahrigen Fingern greifst du dir ein Stück Schokolade oder du trinkst einen Schluck von dem Tee, dem Kaffee, dem Chai Latte. Vielleicht trinkst du auch Wasser oder gar nichts, das ist egal, weil nur das Schreiben zählt und das, was dich am Laufen hält.

Koste sie aus, diese Momente des puren Glücks, des schieren Schreibens. Denn das ist, was Schreiben wirklich bedeutet. Merk dir, wie es sich anfühlt, von deinen Worten getragen zu werden, auf ihnen gebettet zu sein, sie zu atmen. Das ist der wahre Grund, weswegen wir schreiben, nicht wegen der anderen, nicht wegen der Leser, sondern weil Schreiben an sich etwas Magisches hat.

Natürlich, wenn er fertig ist, der Text, dann hängt auf einmal alles ab von der Meinung der Leser. Dann hältst du die Luft an, wartest auf eine Gesichtsregung, auf ein Zeichen, ein Lächeln, das die Erlösung bringt im Sinne von: Der Text ist gelungen, er kommt an, er spricht andere an.

Aber Schreiben, das tust du wegen der Momente im Fluss, die wiegen alle hart abgerungenen Passagen und Beschreibungen auf. Jaja, du kannst mir nicht erzählen, dass du nicht für dich schreibst; Schreiben ist eben eine sehr persönliche und intime Angelegenheit. Im Schreiben, im Geschriebenen, sind wir verletzlich. Und deshalb kann etwas überspringen von dir auf deinen Text und auf deinen Leser. Deshalb kannst du ihn erreichen, ihn berühren, ihn bewegen. Aber zuerst kommt dieser Zustand der schreibenden Ekstase.

Natürlich muss man sein Handwerk beherrschen, die richtigen Werkzeuge zur Verfügung haben. Nicht jeder Text ist gleich weltbewegend. Es gehört viel Übung dazu: Man muss sich mit dem Geschriebenen beschäftigen, es erkunden, lernen, was funktioniert. Man muss vielleicht auch lesen, um von anderen zu lernen. Aber wenn alles da ist, die Erfahrung, die Übung, das Werkzeug, die Sprache und vielleicht auch die Kanne Tee, dann fehlt nur noch die Eingebung, der Funke. Mehr braucht es nicht und das lodernde Feuer ist entfacht. Und du fütterst das Feuer mit neuen Worten, Buchstaben, die du aneinanderreihst, zu nie dagewesenen Texten, zu neuen Botschaften. Du fütterst die Flammen und es brennt, brennt in dir und um dich herum und du kannst auf einmal feuerspucken, obwohl du es nie gelernt hast, und dann kommen alle und sehen zu, was du geschaffen hast.

Zwischen dem Schreiben kommt selbstverständlich das Denken. Das tun wir alle zwischen dem Schreiben, aber manchen fällt es gar nicht auf. Ohne das Denken können wir nichts Vernünftiges aufs Papier bringen. Wir müssen unseren Gefühlen nachspüren, sie kennenlernen, sie auskosten, damit wir sie später beschreiben können. Wir müssen Erfahrungen machen, über die man berichten kann, älter werden, nachdenken und resümieren.

Das alles gehört dazu zum Schreiben. Denn wenn ein Schreibender nicht schreibt, dann ist er dennoch ein Schreibender, weil er es einfängt, in sich aufnimmt und bewegt, weil ihm hin und wieder kurze Satzfetzen einfallen, weil er ab und an Atmosphären bemerkt, die etwas in ihm berühren, weil er plötzlich eine Eingebung hat und dann auf einmal schreiben muss. Es geht gar nicht anders: Der Schreibende muss schreiben, das geht dir auch so, ich weiß es. Das verbindet uns. Ja, schreiben geht am besten im Fluss. Dann entsteht etwas Kostbares, ein fragiles Bauwerk, an dem selbstverständlich noch geschliffen werden muss, das ausgebessert und umgebaut werden muss. Aber das wahre Schreiben ist wie eine Eingebung.

Empfindsam zu schreiben, dazu ist mehr nötig als Tränen und Mondschein.
Georg Christoph Lichtenberg

Beim Schreiben ist es wie bei der Prostitution. Zuerst macht man es aus Liebe, dann für ein paar Freunde und schließlich für Geld.

Molière

Wie ich meinen ersten Bestseller schreiben werde – ein todsicheres Erfolgsrezept

Prof. Dr. Peter Biro

Manchmal setzte ich mir unerreichbar scheinende Ziele, wahrscheinlich um mir selbst zu beweisen, dass ich noch lebe. Für Letzteres gibt es zwar indirekte Zeichen: Ich kann zum Beispiel mit nicht allzu großer Anstrengung die Stirn runzeln. Aber für etwas Nachhaltigeres auf dieser Welt muss es schon ein wenig mehr sein.

Das ist fast so wie bei einem Extremsportler, der nach neuen Herausforderungen strebt. Ich will mich an einem Roman versuchen, nicht mehr und nicht weniger. Während dem Sportler seine physische Konstitution Grenzen setzt, die er immer wieder überwinden möchte, sind es bei mir die mentale Fähigkeit, die verfügbare Kreativität und der Faktor Zeit, die mir bei diesem kolossalen Ansinnen scheinbar unüberwindbare Hindernisse in den Weg legen. Zu nennen wäre noch die mangelnde Erfahrung. Aber so etwas lasse ich als Hinderungsgrund nicht gelten. Alles muss ein erstes Mal ausprobiert werden, auch das Romanschreiben.

Vielleicht werden Sie, liebe Leserin dieser introspektiven Betrachtungen - ich bemühe hier die weibliche Form, da es fast nur Frauen sind, die meine Texte lesen; die paar neugierigen Hanseln, die das auch lesen, wollen mir bitte verzeihen - meinen, ich sei größenwahnsinnig geworden, oder wollte irgendjemanden beeindrucken, zum Beispiel die kleine Hübsche von der Wursttheke im Fleischerladen nebenan. Nein, nein und nochmals nein! Nichts dergleichen. Ich will nur einen Bestseller schreiben, der die Weltliteratur aus den Angeln hebt, mich auf einen Schlag berühmt und unermesslich reich macht, sonst nichts.

Gerne teile ich mit Ihnen, liebste Leserin, meine Erfahrungen auf diesem Gebiet, noch während sich bei mir die autodidaktische Aneignung der belletristischen Schreibkunst zusehends entfaltet. Gleichzeitig mache ich Sie - ob Sie nun wollen oder nicht - zur Zeugin dieses Vorgangs. Das könnte zur Folge haben, dass ich keine Ausrede Ihrerseits akzeptieren werde, warum Sie nicht eingeschritten sind, um Schlimmeres zu verhüten, dies vor allem, wenn mein Vorhaben misslingt oder gar zu größeren Tumulten führen würde. Ich bin von Haus aus vorsichtig und möchte nichts ausschließen. Also, überlegen Sie noch einmal gut, ob Sie ab hier weiterlesen wollen und sich gegebenenfalls mitschuldig machen.

Also, zurück zum Erlernen des Romanschreibens. Die Idee ist mir neulich beim Öffnen einer Sardinendose gekommen. Meistens bekomme ich die größten, schicksalhaften und menschheitsrelevanten Einfälle bei banalen Tätigkeiten. Also: Ich öffnete die Büchse an und sah die eng aneinandergeschmiegten, öligen Fischkadaver da liegen mit ihren weit geöffneten, über den gezackten Rand der Konserve hinausblickenden Augen. Sie stierten voller Entsetzen in die plötzlich hereinbrechende Helligkeit der Welt und fragten sich vermutlich: »Was hat das alles für einen Sinn?« Oder vielleicht wollten sie so was wie »Jungs, jetzt aber raus aus dieser Ölwanne« ausdrücken. Natürlich konnte ich den armen Kreaturen nicht helfen, diese existenziellen Fragen zu beantworten, die sie, wer weiß schon wie lange, in ihrer prekären Lage im Ladenregal und in der Dunkelheit ihres metallenen Sarkophags umgetrieben hatten. Von solch trüben Überlegungen heimgesucht und vom Wunsch beseelt, dieser schmerzlichen Agonie ein schnelles Ende zu bereiten, beeilte ich mich, die Sardinen schnellstmöglich zu verspeisen. So zerdrückte ich ihre geschundenen Leiber mit der Gabel, verteilte sie gleichmäßig auf einer mit Butter sorgsam bestrichenen Brotscheibe und beträufelte sie hingebungsvoll mit Zitronensaft. So schmeckten sie besonders gut. Während ich froh war, durch das hastige Aufessen sowohl die zweifelnden Kreaturen als auch meinen Hunger besänftigt zu haben, kam mir der Gedanke, dass es auch umgekehrt möglich sein sollte, nämlich dass Fische einem Menschen Leid antun könnten. Natürlich wird hie und da ein unvorsichtiger

Schwimmer von einem Raubfisch gefressen, auch soll es schon mal vorgekommen sein, dass ein Gourmet an einem unsorgfältig zubereiteten Fugu verstorben ist. Aber das steht mengenmäßig in keinem Verhältnis zu den Hekatomben von Opfern des weltweit ausgeübten Anglersports und noch weit weniger zur Hochseefischerei mit ihren kilometerlangen Schleppnetzen. So kam mir die Idee eines Romans, in der eine einsame Stimme für ausgleichende Gerechtigkeit sorgen sollte. Zu diesem Behuf würde mein epochales Werk davon handeln, dass jemand durch Fischeinwirkung zu Tode kommt. Damit war der ungefähre Tenor des Werkes festgelegt, aber bekanntlich steckt der Seeteufel im Detail.

Des Weiteren braucht mein Roman einen geeigneten Titel. Noch habe ich mich nicht für einen entschieden. Aber ich kann hier meine ersten Gedankengänge aufzeigen, die sich bei dieser schwergewichtigen Thematik aufgedrängt haben. Auf jeden Fall sollte der Titel bereits auf den Inhalt hinweisen und dafür habe ich bereits eine Reihe griffiger Varianten ausprobiert, als da zum Beispiel wären: »Ein Fischer am Scheideweg« oder – mit einer besonders originellen persönlichen Note versehen – »Fischers Fritze am Scheideweg«. Das beinhaltet den obligaten Hinweis auf Fisch und auf jene zentrale bevorstehende Entscheidung des Protagonisten von großer Tragweite, dessen Lösung die Leserin fesseln sollte. Nun sagen die Fachleute, dass sich Novellen mit Sex und Crime am besten verkaufen. Und mit dem »Scheideweg« hat dieser Titel durchaus einen geschlechtsorganischen Anklang. Aber darin ist leider noch kein Crime erkennbar. Wie wäre es deshalb mit »Tod eines einsamen Anglers«? Wenn das zu vage ist, könnte man noch den Zeitpunkt andeuten und den Roman mit »Tod eines einsamen Anglers um acht Uhr morgens« betiteln. Das ist schon um vieles besser, vermag aber immer noch nicht unbändige Neugier zu wecken. Unter anderem fehlt darin eine Ortsangabe. Würde man das auch noch hineintun, könnte der Roman zum Beispiel »Der letzte Krabbenfischer von Bordeaux« heißen, wobei das Adjektiv »letzte« bereits eine kriminelle Bedeutung haben kann. Alternativ kann ich mir auch den elegischeren Titel »Nächtlicher Tod eines Leichtmatrosen im

Grandhotel« vorstellen. Wenn ich das jetzt so lese, muss ich zugeben: Formal sind beide nicht schlecht, aber irgendwie ziehen sie immer noch nicht. Erstens sind sie viel zu lang, zweitens ist in beiden keine Anspielung auf Sex.

Also noch einmal von vorn: Wie wäre es mit »Fischvergiftung beim Bordellfrühstück«? Das hat alles, was gefordert wird: Fischiges, Kriminelles, Sexbusiness und sowohl Zeit als auch Ort sind angedeutet. Das gefällt mir und irgendwie erinnert es entfernt an den kultigen Kinofilm »Frühstück bei Tiffany« mit der rehäugigen Audrey Hepburn. Das könnte verkaufsfördernde Assoziationen bei der modebewussten Leserschaft wecken. Ich glaube, ich bleibe bei diesem Titel. Damit sind eigentlich die Rahmenhandlung, die Charaktere und die Stimmungslage des Romans auch schon angedeutet und die geneigte Leserin kann sich auf etwas Interessantes gefasst machen. Jetzt muss ich mir nur noch den Inhalt ausdenken, sodass sie nach dem Aufschlagen des Buchdeckels wie gebannt dranbleibt.

Apropos Buchdeckel: Dazu habe ich mir Folgendes überlegt: Darauf prangt in großen Lettern mein potenziell weltberühmter Name und darunter der viel Kurzweil versprechende Titel »Fischvergiftung beim Bordellfrühstück«. Und noch eine Zeile weiter unten folgt ganz lapidar »Roman«. Mehr nicht! Ich bin auch gegen irgendwelche gestalterischen Übertreibungen. Ein einfarbig ozeanblauer Umschlag, vielleicht mit einer blutroten Linie in Fischform, würde vollauf genügen. Vielleicht könnte noch ein symbolisches rotes Herz in die Fischsilhouette eingefügt sein (wegen des Sex-Motivs, gegebenenfalls in bestrapsten Netzstrümpfen), und für Crime ein umgekipptes Fläschchen mit einem stilisierten Totenkopf auf dem Etikett. Wie gesagt: nur keine designtechnischen Mätzchen!

Nach interessierter Begutachtung des Einbands schlägt die neugierig gewordene Leserin das Buch auf und sieht als Nächstes eine fast leere erste Seite. Nur in deren Mitte steht ein wenig unscheinbar die obligate Widmung, zum Beispiel schlicht »Für Yolande«. Das hat etwas leicht Anrüchiges an sich. Bekanntlich sind Frauen dieses Namens meist attraktiv, voluptuös und ziemlich liebestoll. Oder wenn's ein wenig mehr sein darf: Für Yolande, Céline und den grimmigen Rex. Hier kommen zwei exotisch anmutende Frauennamen mit Sexappeal ins Spiel und auch noch etwas Animalisches dazu. Das könnte ein versteckter Hinweis für ein Ménage-à-trois des genialen, obsessiv schreibenden Eremiten sein, der sich daheim zwei kurz angebundene Nymphomaninnen für die notwendigsten Hausarbeiten und allerlei unzüchtige Handlungen hält. Die Leserin könnte denken, dieses Trio lebt zurückgezogen in einem Blockhaus irgendwo in den Wäldern von Vermont und lässt das versteckte Anwesen von einem böse knurrenden Hund bewachen. Warum der Hund? Das ist doch klar: natürlich um neugierige Journalisten, geschäftstüchtige Literaturagenten und präpotente Feuilleton-Redakteure fernzuhalten. Und dort, in der inspirierenden Einsamkeit der Wildnis, entsteht über mehrere Jahre und nach Überwindung diverser Schreibblockaden der Roman über die Fischvergiftung, lediglich unterbrochen von frugalen Mahlzeiten, tiefgründigen, abendlichen Selbstgesprächen vor dem lodernden Kaminfeuer und gelegentlichen, entspannenden Orgien auf dem Bärenfell mit den und ohne die Damen des Hauses.

Wie stellt man das nun an, den Roman aufzubauen, bei dem vorerst nur der Titel und ein Bedürfnis nach ausgleichender Gerechtigkeit vorhanden sind, sonst aber noch gar nichts? Noch habe ich keine Vorstellung von der Handlung, keine Charaktere, keinen Plot. Offen ist auch, ob es einen Ich-Erzähler geben wird oder alles aus der Perspektive eines Seehundes namens Rex Aquaticus erzählt werden soll. Wenn das geklärt ist, könnte wegen des Fischmotivs eine besonders kultivierte Makrele auch noch etwas zu sagen haben. Fragen über Fragen!

Eines ist jedenfalls sicher: Die Geschichte muss eine interessante und abwechslungsreiche Struktur aufweisen. Die vor Neugier in die Falle tappende Leserin muss bereits im ersten Absatz beim Schopfe gepackt und nicht mehr losgelassen werden. Das muss der angehende Bestsellerautor mittels eines couragierten Einstiegs bewerkstelligen, bei dem es gleich eine spannungserzeugende Überraschung gibt, ein »Peng!« sozusagen. Dann erst darf sich die Geschichte langsam entfalten, aber Vorsicht: nicht zu langsam. Sonst verliert die Leserin die Geduld, bevor der Erzählfaden einigermaßen absehbar wird. Deshalb muss spätestens ab der dreißigsten Zeile ein kleines Aha kommen, zirka fünf Absätze weiter unten gefolgt von einem weiter in die Materie einführenden Soso, das einige drängende Fragen zumindest teilweise beantwortet, aber auf keinen Fall schon alles verrät.

Von hier an kann der Autor einen Gang zurückschalten und die wichtigsten Details ausführlicher ausbreiten und nach und nach die Charaktere vorstellen. Aber schon bald danach muss man immer wieder Spannung aufbauen und gelegentlich ein fragendes Wieso zulassen, das auch für eine Weile unbeantwortet zu bleiben hat. Dann, spätestens so ab der zehnten Seite, ist Zeit für ein erotisches Intermezzo, um auch diesem Bedürfnis der Leserin zu entsprechen. Also kommt hier ein erstes Olàlà! Und man darf im weiteren Verlauf auch nicht mit Rätselhaftem sparen im Sinne von gelegentlichen Nanu. Diese beiden Ingredienzien sind absolut unersetzlich, um das Interesse der Leserin aufrechtzuerhalten und ihn von Kapitel zu Kapitel vorwärtszutreiben.

Apropos Kapitel: Auch diese benötigen gut gesetzte, kryptische Überschriften, die nicht notwendigerweise irgendetwas mit den darauffolgenden Schilderungen zu tun haben müssen. Sie sollten auch nicht logische Zusammenhänge offenbaren. Wichtig ist nur, dass sie irgendwie neugierig machen. Geeignete Kapitelüberschriften wären demnach »Der violette Rückenschmerz« oder noch - um Einiges rätselhafter - »Gustav giert nach Gerechtigkeit, stößt aber nur auf eine Gurke«, Letzteres auch nur dann, wenn Gustav lediglich am Rande in der Geschichte vorkommt und sein Erscheinen und der angedeutete Gemüsefund keinerlei Relevanz für den weiteren Verlauf der Geschichte hat.

Weitere wichtige Motive wären zum Beispiel irgendeine überraschende Wendung, also zwischendurch ein Hoppla gewissermaßen. Das darf aber nicht zu oft strapaziert werden; ein bis zwei Mal pro Roman genügt. Des Öfteren hingegen muss immer wieder ein Aha vorkommen, also eine erläuternde Passage, die für eine gewisse Klärung sorgt und somit die Story weiter voranbringt. Grausame Szenen oder solche mit ekelerregendem Gehalt, sogenannte Ojes, sind zwar manchmal nötig, dürfen aber ebenfalls nur sparsam eingesetzt werden. Eine Prise Humor zwischendurch, eine lustige Begebenheit und ein zitierfähiges Bonmot im Rahmen einer Konversation lockern die Stimmung beim

Lesen auf und geben Ausdauer für wenigstens weitere 15 Seiten. Einen solchen heiteren Abschnitt nenne ich passenderweise ein Hihi. Einen Spannungsbogen baut man mit Andeutungen auf, die eine Befürchtung bei der Leserin aufkommen lassen. Dies wäre dann ein Nanu. Und dann ganz zum Schluss, wenn die geballte Ladung aller vorangestellten Nanus eine hohe Dringlichkeit aufgebaut hat, darf sich die schlussendliche Entspannung endlich entladen. Das wäre dann das langersehnte »O mein Gott!«. Damit wären die strukturellen Bauteile des Romans aufgezeigt.

Jetzt heißt es, aus diesen Teilen das Gerüst des Ganzen zusammenzustellen. So könnte mein vielversprechender Erstling »Fischvergiftung beim Bordellfrühstück« in seiner geplanten Langversion aufgebaut sein: Titel - Widmung - Peng - Aha - Soso - Olàlà - Hihi - Wieso - Soso - Nanu - Aha - Oje - Olàlà - Wieso - Haha - Hoppla - Nanu - O mein Gott! - Danksagungen.

Sollte sich der Verlag, aus welchen Gründen auch immer, eher für eine Kurzversion entscheiden, könnte diese mit dem ebenfalls verkürzten Titel »Fischtod um 8 im Puff« so strukturiert sein: Titel - Widmung - Peng - Soso - Olàlà - Haha -Nanu - Oje - Hoppla - Wow! - Hinweis aufs Verlagsprogramm.

Falls der Verlag eher auf die zugkräftige erotische Karte setzen will, was durchaus verständlich ist, könnte die Struktur der »Eine geile Fischstory« genannten Kurzgeschichte in etwa so aussehen: Titel - Widmung - Peng - Olàlà - Olàlà - Nanu - Olàlà - Ich komme.

Ich hoffe indes, es bleibt bei der Langversion. Die könnte mindestens 400 Seiten füllen. Wie es aussieht, wird das den Erfolg geradezu erzwingen. Ich muss nun nur noch jeweils passende Inhalte über diese Kettenglieder stülpen. Damit ist mein wunderbarer Roman fast schon fertig. Jetzt warte ich nur noch auf die richtige Inspiration, um den eigentlichen Romantext zu schreiben. Gleich morgen werde ich beim Verlag nach einem Vorschuss fragen.

Mir tut jeder Mensch leid, der nicht genug Fantasie hat,
um ein Wort mal so und mal so zu schreiben.

Mark Twain

Die Dichterexistenz ist darum als solche eine unglückliche Existenz; sie steht über der Endlichkeit und erhebt sich doch nicht zur Unendlichkeit.
Søren Kierkegaard

Wortkonfekt

Regina Schleheck

Wie Konfekt genüsslich auf der Zunge zergeht, die einzelnen Aromen nach und nach beziehungsweise alle miteinander zur Wirkung kommen, sollte auch Schreiben als genussvolles Tun empfunden werden. Im Gegensatz zum Pralinenverzehr ist der Aufwand allerdings größer, klingt es eher nach Klotzen als nach Schlotzen. Die Textarbeit birgt viele Aspekte, die hier nach der »Wortkonfekt«-Idee betrachtet werden sollen, um aufzuzeigen, inwiefern sie – richtig verstanden und angegangen – zur Steigerung des Schreibgenusses und des Ergebnisses beitragen können.

Wie beim Konfekt ist allerdings keiner der Aspekte für sich allein zu sehen. Alle wirken ineinander. Schon gar nicht sind sie Vorgabe für einen To-do-Zettel, auf dem ein Punkt nach dem anderen abgehakt werden kann. Jeder einzelne kann aber gesondert betrachtet werden, um das Schreiben zum Gewinn geraten zu lassen:

Wähle das Thema.
Orientiere dich grob.
Recherchiere gründlich.
Taste dich an einen Plot heran.
Konzeptioniere die Gestaltung.
Ordne das Vorgehen.
Neben- und Hauptaspekte beachten.
Fantasieschleusen öffnen.
Einfach drauflosschreiben.
Kürzen.
Text gründlich überarbeiten.

Wähle ...

Themen fliegen einem zu, man sucht sie sich, oder sie werden an einen herangetragen. Letzteres macht oft einen Unterschied, weil es mit Vorgaben hinsichtlich Inhalt, Umfang, Gestaltung und Zeitrahmen verbunden sein kann. So oder so hat man die Wahl, kann nein sagen, hat fast immer Alternativen, andere Themen, andere Beschäftigungs- oder Erwerbsmöglichkeiten. Auch ein Thema, das vermeintlich aufgezwungen wird, ist eins, für das man sich entscheidet. Die Bejahung des Themas, über das man schreibt, ist die erste entscheidende Voraussetzung für das Gelingen und den Genuss.

Orientiere ...

Der Recherche geht die Orientierung voraus, die oft schon auf die Wahl des Themas Einfluss genommen hat. Was verbindet man damit? Nicht konkretes Wissen ist gefragt, eher eine Nabelschau: Ist das Thema eher positiv oder negativ besetzt? Warum? Welche Spannungsfelder tun sich auf? Das gilt auch für die Auftraggebenden: Wie stehen sie dazu und wie der Schreibende zu ihnen? Es gibt keine Tabula rasa. Das Ausloten von Gefühlen, Voreinstellungen und Erwartungen hilft, die Weichen für die Arbeit zu stellen. Wenn es ein Lieblingsthema ist: wunderbar! Wenn neu: Sei gespannt, was es bietet! Wenn du es bisher gemieden, ja gehasst hast: Freu dich auf die Auseinandersetzung! Du kannst nur gewinnen. Ob du dein Unwohlsein fundierst und Gelegenheit bekommst, es zu formulieren, oder es überwindest.

Recherchiere ...

Die Recherche ist der Beginn der eigentlichen Arbeit und sie hört in der Regel nicht auf, ehe die Fahne abgesegnet ist. Sie kann zeitaufreibend und mühsam sein. Gelegentlich ähnelt sie Detektivarbeit oder der Suche nach einer Nadel im Heuhaufen. Fast immer erfährt man viel mehr, als man wissen muss, aber wenig von dem, was man wissen will. Das Zuviel ist das Meer, in dem man beim Schwimmen eine bestimmte Route einschlägt, die nur verfolgt werden kann, wenn das Ausmaß und die Eigenschaften im Hinterkopf sind samt allem, was einem unterwegs widerfahren kann. Recherche kann begeistern, Erkenntnisse und Sicherheit vermitteln. Sie kann mit Reisen, mit Erkundungen vor Ort verbunden sein, sie spricht alle Sinne an, kann sehr menscheln, weil man mit Fachleuten oder Betroffenen in Kontakt kommt, die fast immer froh sind, dass man sich für sie, ihre Erfahrungen und ihr Wissen interessiert. Recherche ist oft Abenteuer und immer eine Chance, insofern sie den Horizont erweitert.

Taste ...

Was man schreiben will, muss Kontur gewinnen, es fügt sich selten nach Schema F oder wie eine mathematische Gleichung, sondern ist ein kreativer, ein schöpferischer Prozess, an den man sich herantastet, dem man nach und nach Form gibt; man fügt Figuren, Fakten, Geschehen zusammen, schiebt alles hin und her, drückt es zusammen, zieht es auseinander, ordnet es neu, gibt hinzu, wo etwas fehlt, nimmt weg, wo es zu viel ist. Erst wenn es sich rund und gut anfühlt, sollte man an die konkrete Planung gehen.

Konzeptioniere ...

Aus einer ersten Skizze, einem stichwortartigen Entwurf entwickelt sich nach und nach ein immer klarer umrissener Plan. Konzepte gestaltet man auf der Mikro- wie Makro-Ebene, im Kopf, zeichnerisch, tabellarisch, stichwortartig, schriftlich: Biografien werden entworfen, Personenkonstellationen entstehen, ebenso Handlungsorte und natürlich das, was passiert.

Egal, ob es darum geht, einen fiktionalen oder realen Stoff zu bearbeiten: Die einzelnen Aspekte müssen von einem Pitch, von der ersten Idee ausgehend konkretisiert und zusammenkomponiert werden. Das fertige Konzept entspricht dem Exposé. Es ist dein Embryo, bei dem du fast alles schon angelegt hast, was daraus werden mag, der nun wachsen, gedeihen und dich hoffentlich immer wieder überraschen wird. Eine Schwangerschaft kann mit Unwohlsein verbunden sein. Kinder machen Mühe, schaffen Probleme, aber geben dem Leben Sinn und machen glücklich. Denn es sind deine. Die Vorfreude auf sie ist eine der schönsten Erfahrungen.

Ordne ...

Nachdem geklärt ist, wer mit wem, warum und wo und was passiert, Verlag oder Auftraggeber das Projekt abgenickt haben, kann der Strukturplan, das Treatment, die Szenen- oder Kapitelfolge, der chronologische Aufbau festgehalten werden, der letzte wichtige Planungsschritt vor dem eigentlichen Schreiben – was nicht heißt, dass nicht alle Schritte davor und danach möglicherweise doch noch einmal überarbeitet werden können und müssen.

Das Ordnen ist Detailarbeit, bei der sich die innere Logik, der rote Faden und der Spannungsbogen herausschälen beziehungsweise nicht aus dem Fokus verloren werden dürfen. Der ausgearbeitete Plan ist ein erster Höhepunkt: Das fertige Werk steht vor Augen, muss nur noch umgesetzt werden. Er gibt das oft trügerische Gefühl, dass nun alles klar ist, nichts mehr schiefgehen, man endlich die Pferdchen laufen lassen kann. Nichts wie ran an den Speck! Die Vorfreude auf das Ungewisse im Embryonalstadium weicht der schieren Lust aufs Schreiben.

Neben- und Hauptaspekte ...

Das Schreiben selbst ist selten ein Selbstläufer. Erst in der Umsetzung des Konzepts erweist sich die Tragfähigkeit der einzelnen Elemente. Personen, Motive, Handlungsabläufe, in Stichworten gerade noch als wichtig und stimmig festgehalten, können in der Umsetzung verflachen, verpuffen, uninteressant werden oder ein Eigenleben entfalten, sich ganz anders entwickeln. Nebenaspekte beanspruchen mehr Aufmerksamkeit, als man ihnen ursprünglich zugestanden hat, gerade scheinbar Unwichtiges ist im Vorfeld vielleicht nicht zu Ende gedacht worden.

Nun müssen verborgene Schätze geborgen, bessere Wege und Lösungen gefunden werden. Jede Verschiebung oder andere Gewichtung von Einzelaspekten fordert eine Überprüfung und gegebenenfalls Anpassung des Gesamtkonzepts.

Grund zum Ärgern? Im Gegenteil! Die Idee wird geschärft und das Ergebnis optimiert. Schreibende wie Leserschaft können es am Ende umso besser genießen – Autoren schon während des Entstehungsprozesses.

Fantasieschleusen ...
Fantasie begleitet das Schreiben von A bis Z. Weder die Idee noch das Konzept würden ohne sie entstehen. In den ersten Phasen formiert sie sich vor allem in Gestalt von Geistesblitzen, die sich durchaus gegenseitig ausknocken können. Im Schreiben erst öffnen sich die Schleusen. Der Lauf des Flusses ist prinzipiell klar und muss nun mit Leben gefüllt werden. Die Bilder, die inneren Eindrücke und Wahrnehmungen, die während des Schreibens im Kopf entstehen, sind dabei eine Sache für sich, erst recht deren Be-Schreibung. Schnellen, warme und kalte Strömungen, Uferdickicht und Lichtungen, Fische, Algen, Düfte und Empfindungen werden imaginiert und in Worte gegossen, um für Anschaulichkeit, Authentizität, Atmosphäre und Stimmung zu sorgen - in genau der Dosierung, die erforderlich ist, um Lesende mit allen Sinnen zu erreichen, Sachverhalte nachvollziehbar zu machen, Aufmerksamkeit zu lenken, Spannung zu erzeugen, aber auch Erholungsphasen zu gönnen.

Einfach drauflosschreiben ...
Wer es kennt, weiß, dass das Zu-Papier-Bringen unterschiedlichste Ausformungen kennt. Drauflosschreiben ist ein sehr individueller Prozess, der wie bei jeder Geburt von Schmerzen begleitet sein kein, die angemessene Wehenpausen erfordern. In den Arbeitsphasen kann es schneller oder langsamer vorangehen. Während einige an Wortdiarrhöe leiden mögen, pressen andere jeden Satz mühsam heraus und drehen ihn noch im Kanal dreimal um.

So oder so: Es ist und bleibt ein Akt der Befreiung. Ob das, was man in Buchstaben gießt, auch gleich in Stein gemeißelt ist, dem eigenen Nachlesen oder Lektorat genügt, spielt für den Akt des Schreibens erst einmal keine Rolle. Zügellosigkeit ist nicht nur erlaubt, sondern wunderbar. Daher mag Schwelgen von Vorteil sein und wird beim Schreiben gern so empfunden. Aber die homöopathische Konzentration kann sich als umso wirkmächtiger herausstellen. Die Quantität, das Tempo des Ausstoßes sind nicht entscheidend, sondern das beglückende Gefühl beim Loslassen.

Kürzen ...
Dies ist ein Arbeitsgang, der sich gerade im Fall opulenten Wortausstoßes auch mehrfach vorzunehmen empfiehlt. Gelegentlich werden dabei Darlings gekillt, aber im Endeffekt dient der Schnitt immer der Schärfung des eigenen Anliegens. Gleichzeitig gerät der Rezipient genauer in den Fokus. Dabei gilt es stets, die Balance zwischen Langeweile und Überforderung im Auge zu behalten. Grundsätzlich soll der Leser die Geschichte verstehen und sie sich nicht vorkauen lassen. Dazu muss man ihm nicht nur Andockpunkte, sondern mittels Leerstellen die Chance bieten, eigene Erfahrungen zum Verstehen und zur Deutung heranzuziehen. Schreiben ist eine Form der Kommunikation, bei der der Adressat als wichtiges Agens antizipiert werden muss. Unnötiges kann in der Gesamtschau klarer erkannt und eliminiert werden. Wie beim Besteigen der Waage nach dem Ablegen überflüssiger Pfunde dürften damit die Endorphine zum Hüpfen gebracht werden.

Text überarbeiten ...
Der Feinschliff gilt vor allem sprachlichen Macken. Zu Grammatik, Rechtschreibung und Zeichensetzung geben moderne Korrekturprogramme Hinweise, Überarbeitungen sind dank Duden unstrittig. Ausdruck, Satzbau, Wortwahl und -wiederholungen setzen ein genaueres Auge und entsprechende Kompetenzen voraus. Eine große Hilfe kann das Ohr ein. Wenn man sich laut vorliest, was man geschrieben hat, hört man vieles, was beim Lesen übersehen wird. Ein richtig guter Text sollte gut klingen, lautlich und rhythmisch. Satzumstellungen oder -brüche sorgen für die gewünschte Betonung. Fremdzuhörer oder -leser können bei der finalen Bearbeitung sehr nützlich sein, wenn man ihre Rückmeldungen richtig einschätzen kann. Wichtig: den fertigen Text eine Weile ziehen lassen, bevor man ihn noch einmal abschmeckt, um letzte Korrekturen vorzunehmen.

Bon Appetit!

Autoren-Register

Susanne Ulrike Maria Albrecht, Jahrgang 1967, veröffentlichte bereits zahlreiche Werke. Beim vierten internationalen Wettbewerb »Märchen heute« belegte sie den ersten Platz.

Jona Baykouchev, Jahrgang 2003, ist Abiturient. Seinen ersten Roman beendete er mit sechzehn. Er schreibt sowohl Kurzgeschichten als auch längere Texte und nimmt regelmäßig an Literaturwettbewerben teil.

Prof. Dr. Peter Biro, Jahrgang 1956, ist Professor für Anästhesiologie. Er blickt auf ein breites Spektrum medizinischer Fachbeiträge, schreibt seit rund drei Jahren humoristische Glossen und ausnahmsweise auch mal ernste Beiträge für Online-Magazine.

Barbara Braun, Jahrgang 1973, schreibt Märchen für Kinder und Erwachsene. Sie hat Deutsche Sprache und Literatur, Gebärdensprache(n) und Erziehungswissenschaft studiert und in der Frühförderung mit hörenden Kindern gehörloser Eltern gearbeitet.

Désirée Braun, Jahrgang 2000, studiert Medizin. Einige Kurzgeschichten und Gedichte veröffentlichte sie bei FanFiktion.de als *Dea Desideria*.

Bernd Daschek, Jahrgang 1963, arbeitet als Lektor und Herausgeber. Der Historiker und Philosoph schreibt Romane, Kurzgeschichten, Dramen, Glossen und Essays. Bei Wettbewerben errang er Bestplatzierungen.

Jürgen Edelmayer, Jahrgang 1958, schreibt mit Vorliebe Kurzgeschichten und Krimis. 2017 schaffte es sein historischer Kurzkrimi »Einmal Luther und zurück« auf die Shortlist des Wunderwasser-Krimipreises. Im selben Jahr wurde »Schwarzer Peter« für den Bayerischen Krimipreis nominiert.

Philip Hart, 27 Jahre, studiert Philosophie und Literatur. Nach seinem Abitur war er an Filmsets als Set-Runner und Kameraassistent tätig, begann ein Journalismus-Studium und arbeitete mit taubblinden Menschen.

Dr. Astrid Holzmann-Koppeter, Jahrgang 1987, ist Pädagogin. Beim Schreibwettbewerb des Bundesministeriums für europäische und internationale Angelegenheiten belegte sie den zweiten Platz.

M. W. Ludwig arbeitete als Radiomoderator, Zeitungskolumnist und Künstlermanager. Inzwischen ist er als Lehrer, Theaterseminarleiter und Regisseur von Theaterstücken und Hörspielen tätig. Er veröffentlichte Kurzprosastücke, Hörgeschichten und wissenschaftlichen Essays.

Monika Matscheko, Jahrgang 1956, arbeitete als Sprachenlehrerin unter anderem an der Europäischen Schule in Luxemburg. Ihre bevorzugten Genres sind Kurzprosa und Essay.

Michaela Ortis, Jahrgang 1963, schreibt als freie Journalistin, Texterin und Autorin Reportagen, Reiseerzählungen, Unternehmenstexte, Essays und Kurzgeschichten für Zeitungen, Magazine, Anthologien und Literaturzeitschriften.

Regina Schleheck, Jahrgang 1959, hat sich in der Phantastik wie im Krimi einen Namen gemacht, auch wenn oder gerade weil ihre Texte selten klassische Erwartungen bedienen. Mit dem »Glauser« für einen Kurzkrimi und dem »Deutschen Phantastik Preis« für ein SciFi-Hörspiel erhielt sie die begehrtesten Auszeichnungen beider Genres. Hauptberuflich ist sie Oberstudienrätin, daneben Referentin, Herausgeberin, Lektorin und fünffache Mutter.

Stine Schultz, Jahrgang 1958, ist im PR- und Medienbereich tätig. Sie studierte Regionalwissenschaften, später zudem Außenwirtschaft und Belletristik.

Dr. Gwendolin Simper, Jahrgang 1992, arbeitet in der naturwissenschaftlichen Forschung. Sie studierte Biomedizin und promovierte in molekularer Medizin.

Wolfgang Uster ist Lehrer für Deutsch und Naturwissenschaften und war Consultant Assistant bei den Vereinten Nationen.

Dr. Martin A. Völker, Jahrgang 1972, ist Kulturmanager. Er schreibt Essays, Kurzprosa und Lyrik und ist Mitglied im PEN-Zentrum Deutschland, einer traditionsreichen Schriftstellervereinigung. Er war als wissenschaftlicher Mitarbeiter für Ästhetik tätig und Lehrstuhlassistent an der Humboldt-Universität zu Berlin.

Dr. Maria Zaffarana, Jahrgang 1973, war zehn Jahre lang als Promi-Reporterin bei zwei Illustrierten tätig und promovierte nebenher in Literaturwissenschaften. Sie machte sich 2009 als Freie Journalistin, Autorin und Lektorin selbstständig, veröffentlichte vier Romane, ein wissenschaftliches Fachbuch über Goethes »Werther« und gab mehrere Anthologien heraus. Seit 2014 ist sie zudem Chefredakteurin des Genießer-Magazins CarpeGusta.

www.ingramcontent.com/pod-product-compliance
Ingram Content Group UK Ltd.
Pitfield, Milton Keynes, MK11 3LW, UK
UKHW041851190726
13854UKWH00002B/837